Herbert Mayr

Bregenzerwald

Hittisau – Bezau – Au – Damüls

50 ausgewählte Wanderungen

ROTHER
BERGVERLAG

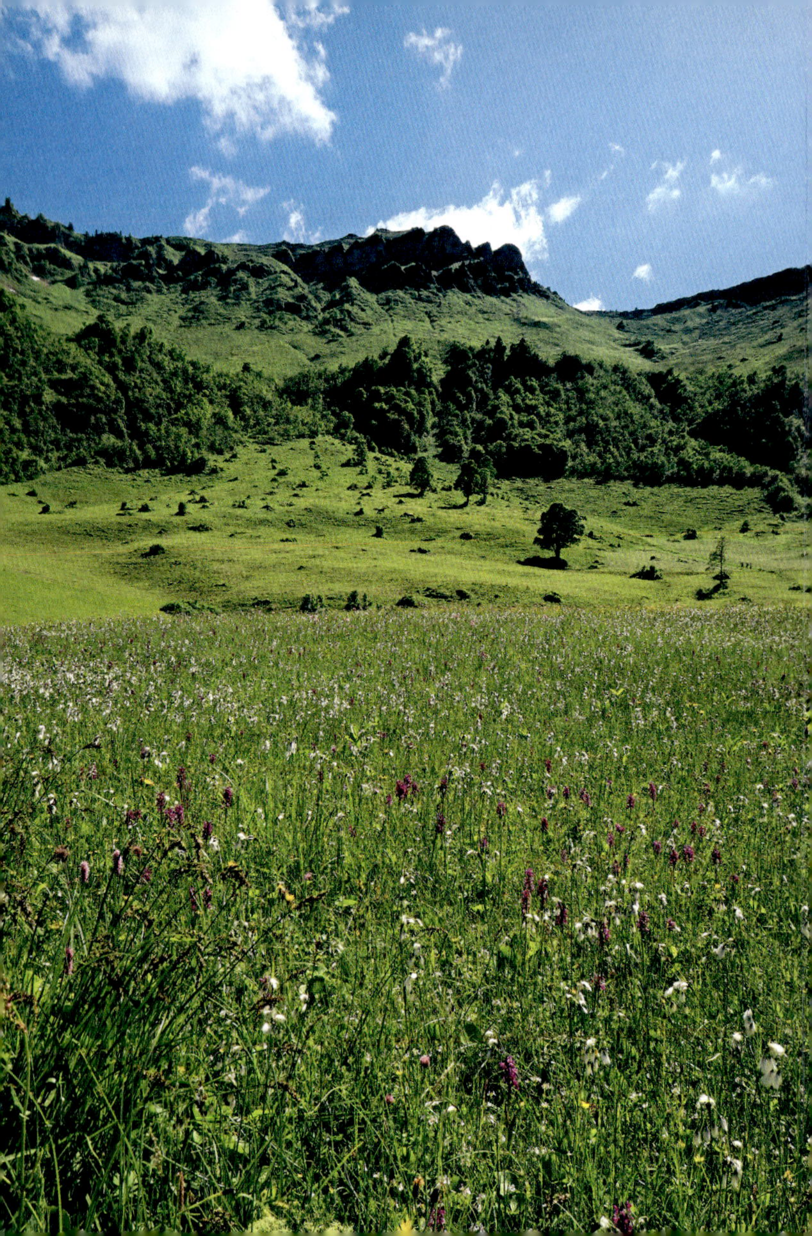

Vorwort

Das Landschaftsbild des Bregenzerwaldes begeistert durch einen unerschöpflichen Formenreichtum, der immer wieder die Sehnsucht weckt. Ostalpine und westalpine Elemente reichen sich hier in abenteuerlicher Manier die Hand. Von der bayerischen Grenze bei Oberstaufen bis zum Furkajoch und Hochtannbergpass – mal lieblich, mal wild. Ganz klar, hier stoßen ja auch drei recht unterschiedliche Gebirgsgruppen aufeinander, die in sich schon ein recht mannigfaltiges Erscheinungsbild offerieren.
Das Bregenzerwaldgebirge fasziniert mit heiterem Hügelland und bunt blühenden Alpmatten, verschwiegenen Tobeln und frischen Wildbachschluchten im Vorderwald, bewirtschafteten Alphütten und Vorsäßen, anregenden Schaukanzeln und Wasserfällen, verlockenden Bergkämmen und überwältigendem Gemäuer im Hinterwald. Dort nehmen zugleich die Steilgrasflanken der Allgäuer Alpen und die majestätischen Felsgestalten des Lechquellengebirges die Bregenzer Ach in die Zange.
Dazwischen geräumige Talkessel mit sonnenverwöhnten Wiesenauen und heimeligen Wälderdörfern, wo der Tourismus noch nicht blind die über Jahrhunderte gewachsenen Strukturen überfahren hat. Die freien Wälder, wie sich die freundlichen Bewohner heute noch stolz nennen, ließen sich immer schon ungern etwas aufzwingen. Die Gebirge haben diese Menschen geprägt. In abgeschiedenen und noch ursprünglich erhaltenen Landstrichen konnten selbstbewusste Bauerngeschlechter alte Bräuche bewahren.
Die Freizeit-Angebote für den Gast dieses landschaftlichen Schmuckstücks sind überzeugend, auch und besonders für Kinder und Jugendliche. Der Wanderer schöpft aus einem dicht gestrickten und geradezu vorbildlichen Wanderwegekonzept. Für jeden etwas – ein beneidenswertes Angebot an leichten Genießerausflügen und unbeschwerten Höhenbummeleien, aber auch eine überzeugende Auswahl klassischer Gipfeltouren. Wer nicht erst lange durch den Bergwald steigen möchte, lässt sich einfach von einer der bequemen Bergbahnen seinem Ziel entgegenschaukeln. Und will man einmal aufs Auto verzichten: kein Problem! Fast alle hier gesammelten Tourenvorschläge starten an Bushaltestellen.
Ich wünsche Ihnen beim Begehen bewährter sowie beim Kennenlernen spannender neuer Wege einprägsame Erlebnistage im fesselnden Wander-Dorado Bregenzerwald.

Unterthingau, im Sommer 2023 Herbert Mayr

Der Winterstaudenkamm trennt den Vorderwald vom Hinterwald (Tour 40).

Inhaltsverzeichnis

Vorwort . . . 3

Übersichtskarte . . . 6

Allgemeine Hinweise . . . 8
- **Die Top-Touren im Bregenzerwald** . . . 10
- **Symbole** . . . 13
- **GPS-Tracks und Koordinaten der Ausgangspunkte** . . . 14

Talorte im Überblick . . . 15

Wandern im Bregenzerwald . . . 18

	1	2.30 Std.	**Hochhäderich, 1566 m**	24
	2	1.50 Std.	**Über der Weißachschlucht**	26
	3	2.15 Std.	**Um das »lange Eck« nach Englen**	28
	4	2.40 Std.	**Schweizberg, 923 m**	30
	5	1.50 Std.	**Die Lingenauer Drahtstegroute**	32
	6	2.30 Std.	**Rotenberg, 938 m**	34
TOP	7	3.10 Std.	**Pension Tannenbaum, 900 m**	36
	8	1.45 Std.	**Rappenfluh, 840 m**	38
	9	3.50 Std.	**Hittisberg, 1328 m**	40
	10	3.15 Std.	**Durchs Balderschwanger Tal**	42
	11	3.15 Std.	**Renkknie, 1411 m**	44
	12	3.15 Std.	**Rehenberg-Vorsäß, 1040 m**	46
	13	5.00 Std.	**Schneckenlochhöhle, 1280 m**	48
	14	3.20 Std.	**Brüggelekopf, 1182 m**	50
	15	2.00 Std.	**Schleichwege nach Ebenwald**	52
TOP	16	6.30 Std.	**Winterstaude, 1877 m, mit Nachbarn**	54
TOP	17	2.15 Std.	**Achauen-Rundweg**	56
	18	4.00 Std.	**Niedere, 1711 m**	58
	19	6.00 Std.	**Auf historischen Wegen nach Bizau**	60
	20	3.30 Std.	**Wildmoosalpe, 1383 m**	62
	21	6.30 Std.	**Schwarzwasserhütte, 1620 m**	64
	22	1.50 Std.	**Känzele, 868 m**	66
	23	4.15 Std.	**Gopfberg, 1316 m**	68
	24	6.30 Std.	**Hirschberg, 1834 m**	70
TOP	25	6.00 Std.	**Hangspitze, 1746 m**	72
	26	7.15 Std.	**Hintermellenalpe, 1450 m**	74
	27	4.15 Std.	**Kanisalpe, 1463 m**	76
	28	2.00 Std.	**Alpe Rosenburg, 888 m**	78
	29	5.15 Std.	**Mittagsfluh, 1637 m**	80
TOP	30	7.15 Std.	**Kanisfluh, 2044 m**	82

31 2.30 Std. **Argenbachschlucht, 900 m** 84
32 8.00 Std. **Annalper Joch, 1997 m, und Annalper Stock, 2043 m** 86
TOP 33 7.15 Std. **Wildes Gräshorn, 2258 m, und Grünes Gräshorn, 2201 m** 88
34 5.45 Std. **Annalpe, 1711 m** 90
35 4.00 Std. **Portlerhorn, 2010 m, und Sünserspitze, 2062 m** 92
36 4.00 Std. **Hochblanken, 2068 m, und Ragazerblanken, 2051 m** 94
TOP 37 6.00 Std. **Damülser Mittagspitze, 2095 m** 96
38 3.45 Std. **Glatthorn, 2134 m** 98
TOP 39 4.30 Std. **Zafernhorn, 2107 m** 100
40 5.15 Std. **Blasenka, 2109 m** 102
41 2.00 Std. **Wika-Tobel-Wasserfall, 950 m** 104
42 4.00 Std. **Diedamskopf, 2090 m** 106
TOP 43 7.15 Std. **Üntschenspitze, 2135 m** 108
44 7.45 Std. **Ruchwannekopf, 2179 m** 110
45 6.30 Std. **Toblermannskopf, 2010 m** 112
46 4.00 Std. **Vorderüntschenalpe, 1757 m** 114
47 3.15 Std. **Wannealpe, 1810 m** 116
48 2.45 Std. **Höferspitze, 2131 m** 118
49 6.00 Std. **Hochberg, 2324 m** 120
TOP 50 8.00 Std. **Mohnenfluh, 2542 m** 122

Stichwortverzeichnis 124

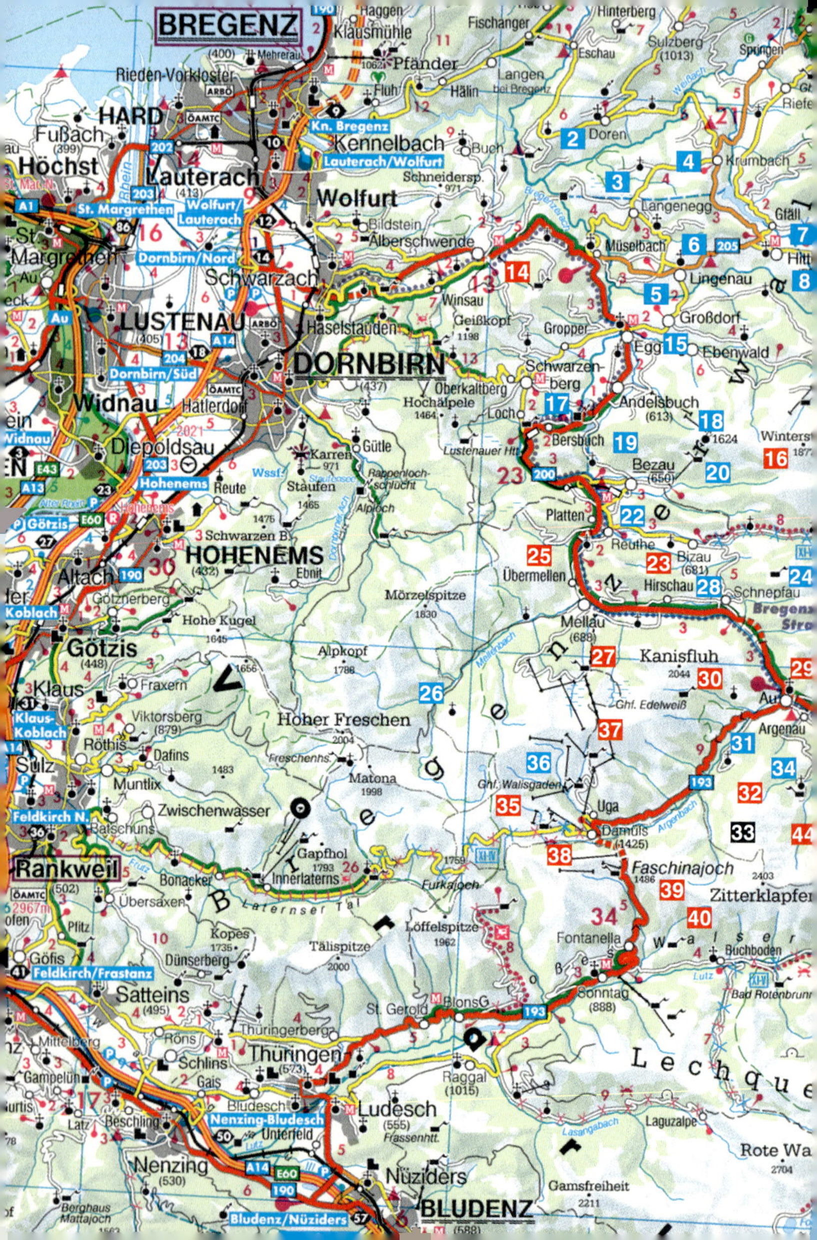
BREGENZ
Haggen
Klausmühle
Fischanger
Hinterberg
Sulzberg
(1013)
Springen
Mehrerau
Rieden-Vorkloster
Pfänder
Langen bei Bregenz
Fluh
Hälin
Eschau
HARD
Fußach
Höchst
Doren
Kennelbach
Kn. Bregenz
Buch
Krumbach
Lauterach/Wolfurt
Lauterach
(413)
Schneidersp.
971
Wolfurt
Langenegg
St. Margrethen
Wolfurt/Lauterach
Bildstein
Gfäll
Alberschwende
Müselbach
Dornbirn/Nord
Lingenau
Schwarzach
Winsau
LUSTENAU
(405)
Haselstauden
Geißkopf
1198
Großdorf
Gropper
Egg
Ebenwald
DORNBIRN
(437)
Schwarzenberg
Dornbirn/Süd
Widnau
Oberkaltberg
Hochälpele
1464
Loch
Andelsbuch
(613)
Hatlerdorf
Diepoldsau
Karren
971
Gütle
Lustenauer Htt.
Bersbuch
1624
Bezau
(650)
Hohenems
Reute
Staufen
1465
Rappenlochschlucht
Alploch
Platten
Reuthe
Götzis
Schwarzen B.
HOHENEMS
(432)
Ebnit
Bizau
(681)
Übermellen
Hirschau
Schnepfau
Altach
Mörzelspitze
1830
Koblach
Götznerberg
Hohe Kugel
1645
Mellau
(688)
Götzis
(448)
Alpkopf
1788
Kanisfluh
2044
Klaus
Fraxern
1656
Au
Ghf. Edelweiß
Klaus-Koblach
Viktorsberg
(879)
Hoher Freschen
2004
Argenau
Röthis
Dafins
Sulz
Freschenhs.
1483
Matona
1998
Muntlix
Ghf. Walisgaden
Zwischenwasser
Feldkirch N.
Batschuns
Uga
Damüls
(1425)
Gapfhol
1793
Rankweil
(502)
Innerlaternser
Bonacker
1759
Faschinajoch
1486
2403
Zitterklapfen
Übersaxen
Furkajoch
Laternser Tal
Pfitz
Löffelspitze
1962
Kopes
1735
Fontanella
Göfis
Tälispitze
2000
Buchboden
Feldkirch/Frastanz
Dünserberg
Satteins
(495)
Sonntag
(888)
Bad Rotenbrunn
St. Gerold
Blons
Mittelberg
Rons
Thüringerberg
Schlins
Thüringen
(573)
Gampelün
Gais
Raggal
(1015)
Lechquellen
Bludesch
Ludesch
(555)
Frassenhtt.
Beschling
Nenzing-Bludesch
Unterfeld
Laguzalpe
Latz
Nenzing
(530)
Nüziders
Rote Wand
2704
Gamsfreiheit
2211
Berghaus Mattajoch
BLUDENZ
(588)
Bludenz/Nüziders
Bregenzerwald
Walsertal

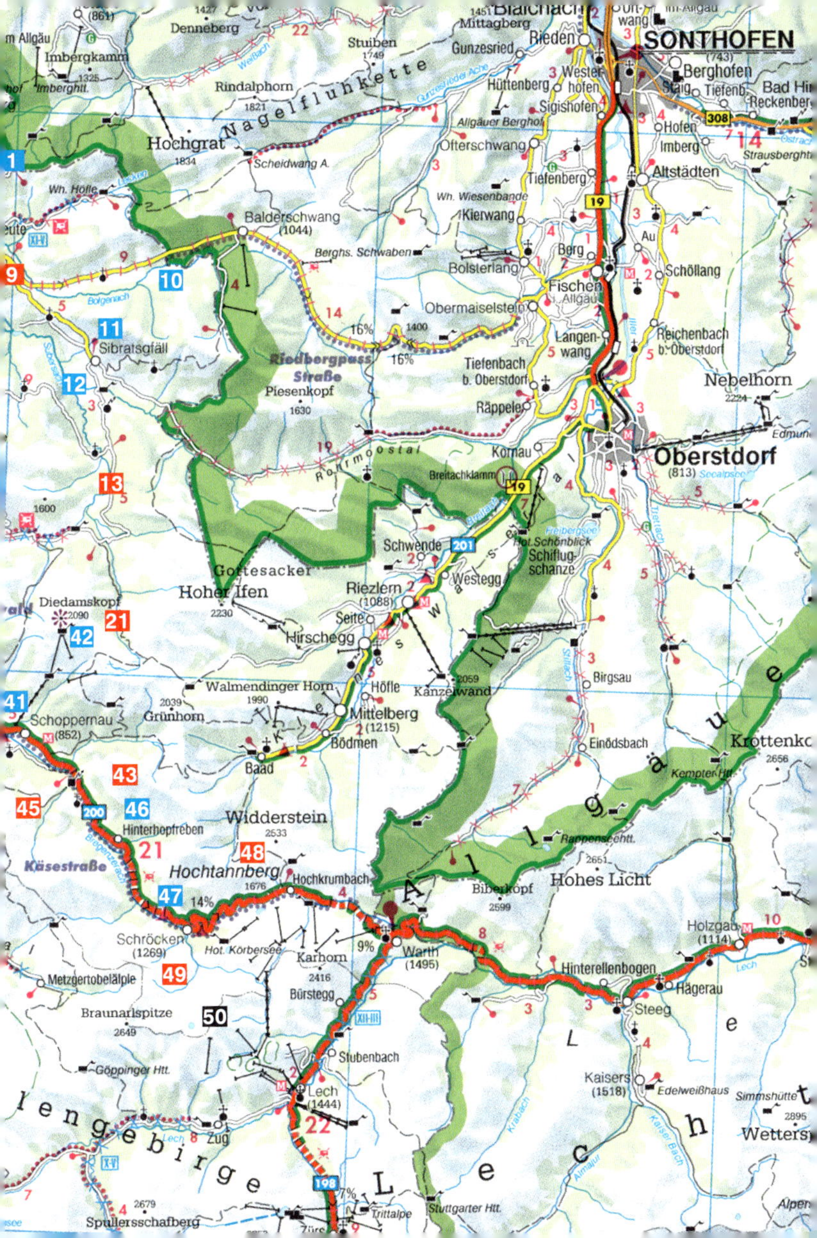
SONTHOFEN
Nagelfluhkette
Hochgrat
Balderschwang
Riedbergpass Straße
Sibratsgfäll
Fischen i. Allgäu
Oberstdorf
Nebelhorn
Breitachklamm
Schwende
Riezlern
Hirschegg
Mittelberg
Kleinwalsertal
Gottesacker
Hoher Ifen
Diedamskopf
Schoppernau
Widderstein
Hochtannberg
Hochkrumbach
Warth
Schröcken
Käsestraße
Karhorn
Lech
Zug
Steeg
Holzgau
Hohes Licht
Biberkopf
Kaisers
Allgäuer Alpen
Lechtaler Alpen
Lechquellengebirge

Allgemeine Hinweise

Gehzeiten

Die angegebenen reinen Gehzeiten können nur als grobe Richtwerte für durchschnittlich trainierte Bergwanderer gelten (etwa 4 km in der Stunde auf leichten Talwegen, 350 Höhenmeter in der Stunde im Aufstieg, 500 Höhenmeter im Abstieg). Jahreszeit, Wetter, Verfassung, erforderliche Pausen und andere Faktoren bestimmen die insgesamt benötigte Zeit.

Anforderungen

Unter diesem Schlagwort finden Sie bei jeder Tour detaillierte Angaben. Bei der Auswahl wurde großer Wert darauf gelegt, den Ansprüchen eines breiten Publikums Rechnung zu tragen. Das Spektrum reicht von bequemen Talausflügen über Hüttenaufstiege und Höhenwanderungen auf ausreichend bezeichneten Pfaden und Steigen bis hin zu felsigen, teils weglosen Hochgebirgstouren. Klettersteige und Felstouren, die den I. Schwierigkeitsgrad der UIAA-Skala überschreiten und somit eine Seilsicherung erfordern, sind bewusst nicht mit aufgenommen.
Zum leichteren Einschätzen der Anforderungen auf einen Blick tragen die Tourenvorschläge verschiedene Farbmarkierungen, die nichts über die Länge einer Unternehmung aussagen. Unsere Schwierigkeitsangaben beziehen sich auf trockene Wege in unbeschädigtem Zustand. Je nach Witterungseinflüssen können die Anforderungen erheblich anwachsen. Rote und schwarze Routen bieten oft leichte und lohnende Zwischenziele. Freunde beschaulicher Touren finden hier viele weitere Vorschläge.

Leicht Touren für Wanderer. Güter- und Forstwege sowie einfache Pfade und Steige sind in der Regel gut bezeichnet (meist lückenlos markiert und genügend beschildert). Maximal mittlere Steigungen, eventuell mit steilen Aufschwüngen. Keine ausgesetzten Passagen. Selbst bei zweifelhaftem Wetter relativ gefahrlos. Für Kinder nur empfehlenswert, wenn die für kurze Beine ermüdenden Güter- oder Forstwegabschnitte nicht zu lang sind.

Mittel Touren für trittsichere und geübte Bergwanderer. Längere steile Steige und mitunter sehr steile Aufschwünge setzen oftmals Ausdauer und eine den Verhältnissen angepasste Ausrüstung voraus. Kurze unmarkierte und Orientierungssinn erfordernde Unterbrechungen sowie ausgesetzte, teils drahtseilgesicherte Stellen können vorkommen. Bei Wetterverschlechterung alpine Erfahrung unerlässlich. Etappen im Schrofengelände sind frei von Kletterpassagen. Abgesehen von ausgedehnten Touren, bei entsprechender Vorsicht auch für Kinder geeignet.

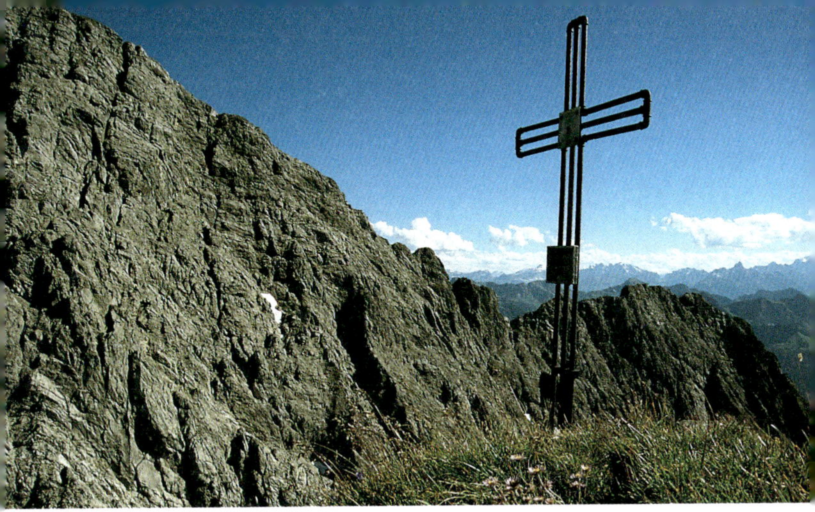

Auf dem Gipfel des Wilden Gräshorns, anspruchsvollstes Ziel dieser Sammlung.

■ **Schwierig** Touren nur für erfahrene, trittsichere und schwindelfreie Bergwanderer. Längere steile oder sehr steile Steige in manchmal nur spärlich markiertem oder unmarkiertem Felsgelände mit ausgesetzten Abschnitten setzen Kondition und alpine Ausrüstung sowie gegebenenfalls guten Orientierungssinn voraus. Auf leichten Kletterpassagen wird die Zuhilfenahme der Hände nötig. Aufgrund der mitunter beachtlichen Höhenlage (2000–2500 m) ist stabiles Wetter unbedingte Voraussetzung.
Anmerkung: Dieses System (blau, rot, schwarz) darf nicht mit dem in Vorarlberg geltenden Wanderwegekonzept verwechselt werden: gelb-weiß = leicht, weiß-rot-weiß = mittelschwer, weiß-blau-weiß = schwer.

Anfahrt

Bus: Die Ausgangsorte zu den einzelnen Wanderungen sind bis auf wenige Ausnahmen mit dem Bus erreichbar. Postomnibusse verkehren zwischen sämtlichen Gemeinden, nicht jedoch von Damüls übers Furkajoch. Wanderbusse gibt es von Egg-Großdorf nach Schetteregg und von Bezau nach Schönenbach-Vorsäß.
Auto: Das vorgestellte Gebiet ist von Bayern aus über die A 96, die Vorarlberger A-14-Ausfahrt Dornbirn-Nord und auf der Bregenzerwald-Bundesstraße oder ab Oberstaufen über Ach und auf der österreichischen Bundesstraße 205 über Krumbach zu erreichen.
Zug: Eine Zugverbindung existiert im gesamten Bregenzerwald keine, abgesehen von der 6 km langen Museumsbahn Bersbuch–Bezau.

Die Top-Touren im Bregenzerwald

Engenlochschlucht

Entlang brodelnder Wassermühlen und riesiger Felskloben durch die abenteuerliche Schluchtenge der Bolgenach bei Hittisau (Tour 7, 3.10 Std.).

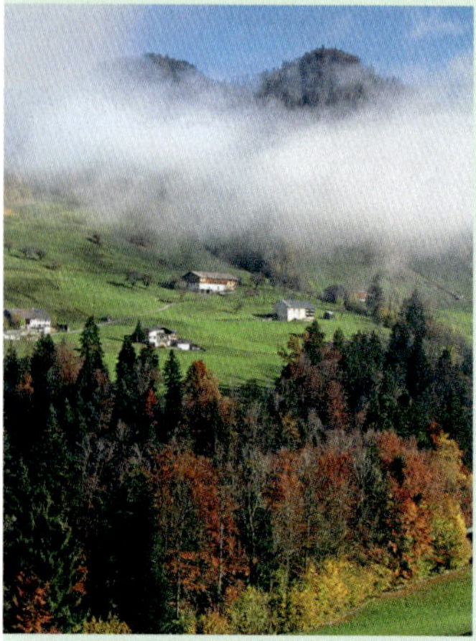

Winterstaudenkamm-Überschreitung

Eine der klassischen Bregenzerwaldtouren: über sechs Gipfel zwischen dem hügeligen Vorderwald und dem alpinen Hinterwald (Tour 16, 6.30 Std.).

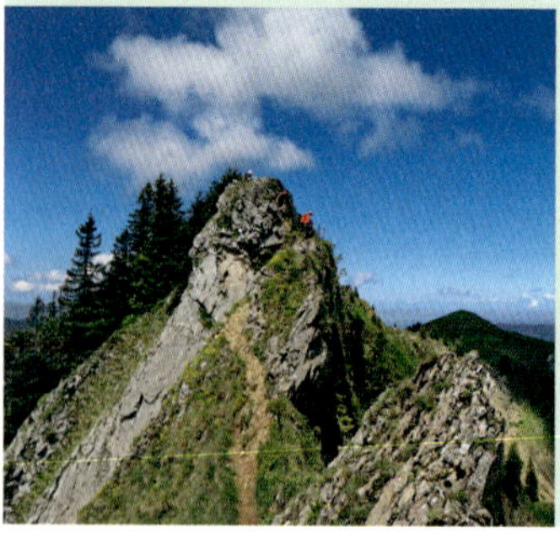

Achauen-Rundweg

Genießerroute in unverfälschter Wildflusslandschaft der Bregenzer Ach unterhalb von Schwarzenberg (Tour 17, 2.15 Std.).

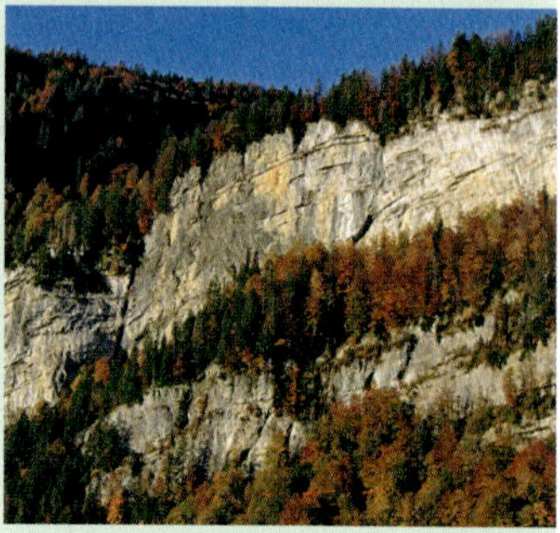

Hangspitze

Steil abstürzender und Kondition fordernder Eckposten des sogenannten Firstes an der Einmündung des Mellentals ins Bregenzer-Ach-Tal (Tour 25, 6 Std.).

Kanisfluh

Verhältnismäßig einfach erreichbarer, über dem Dorfflecken Au aufragender Regent des Bregenzerwaldgebirges, sagenhaftes Felsbollwerk mit fesselndem Panorama (Tour 30, 7.15 Std.).

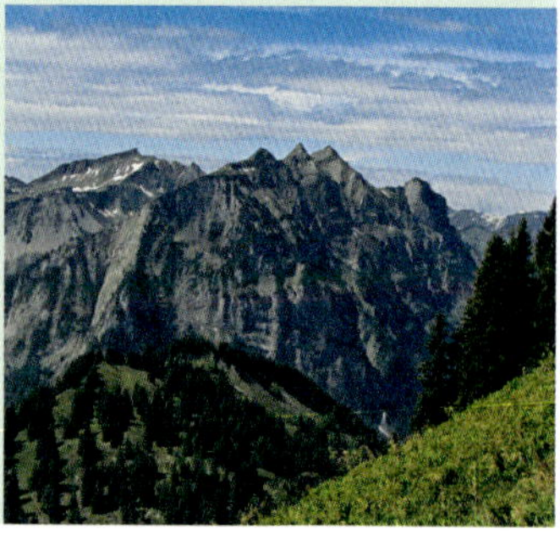

Wildes und Grünes Gräshorn

Anspruchsvolle, ziemlich luftige und teilweise weglose Individualistentour von der nach Damüls führenden Bergstraße für schwindelfreie Profis mit Klettererfahrung (Tour 33, 7.15 Std.).

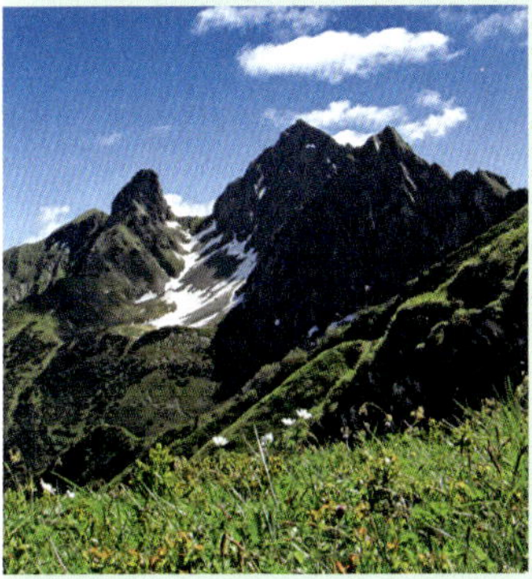

Klipperenrunde und Mittagspitze

Großzügige Damülser Höhenwanderung zu markantem Felstrapez, der zweithöchsten Erhebung im Bregenzerwaldgebirge (Tour 37, 6.00 Std.).

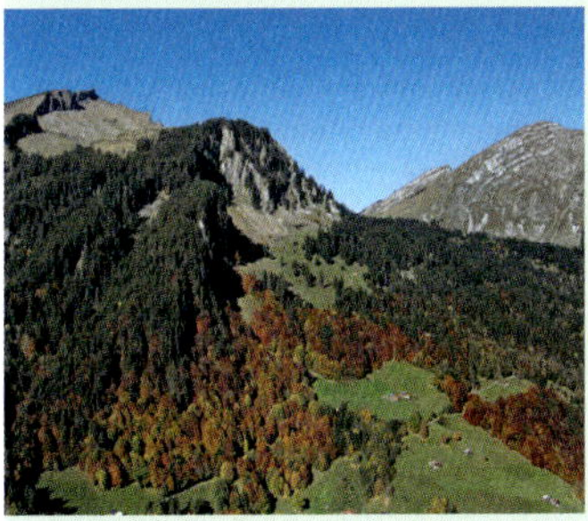

Zafernhorn

Schneidige Aussichtswarte über dem Faschinajoch mit traumhaften Nah- und Fernblicken (Tour 39, 4.30 Std.).

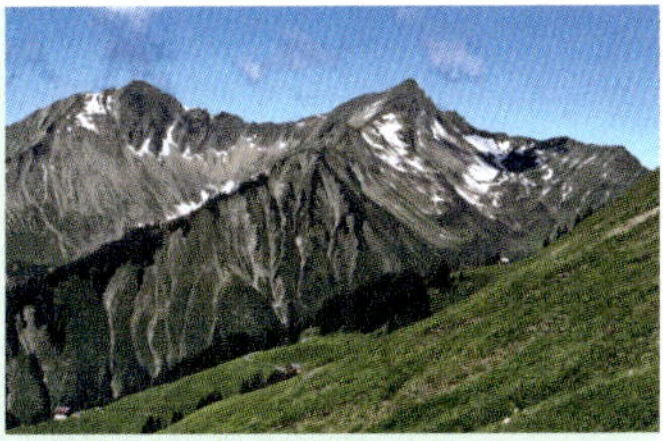

Üntschenspitze

Überraschend erholsame Besteigung einer majestätischen Graspyramide nahe Schoppernau, am Rand der Allgäuer Alpen (Tour 43, 7.15 Std.).

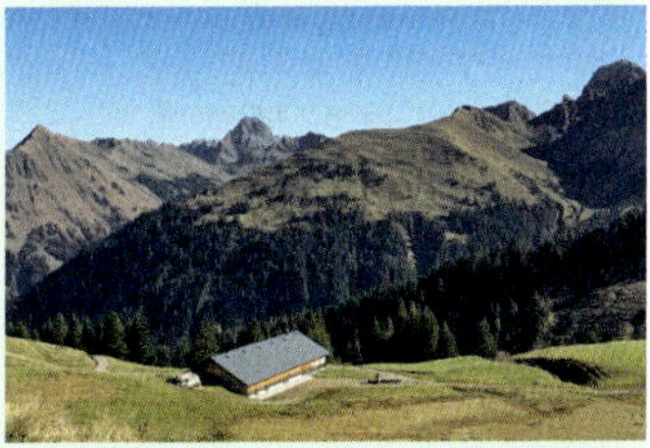

Mohnenfluh

Auf dem exponierten Geislinger Steig bei Schröcken zu wuchtigem Zweieinhalbtausender im Lechquellengebirge (Tour 50, 8.00 Std.).

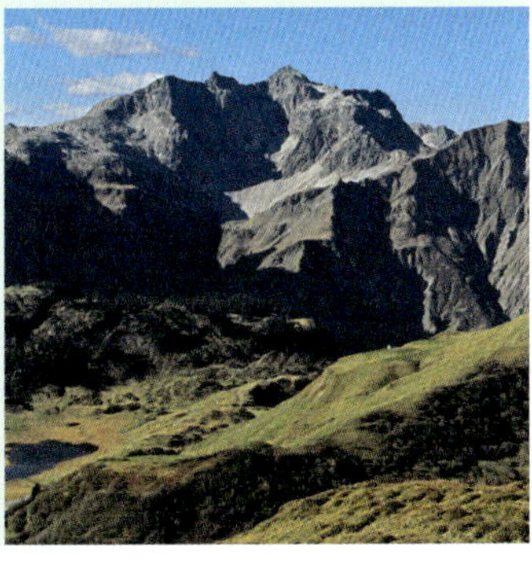

Gefahren

Gefährliche Situationen entstehen beim Bergwandern meistens durch das Zusammentreffen von subjektiven und objektiven Gefahren. Subjektive Gefahren können durch Unwissenheit, Leichtsinn (mangelnde Ausrüstung) oder unzureichendes Training ausgelöst werden. Man sollte stets bemüht sein, sie mit entsprechendem Verhalten, insbesondere durch die Fähigkeit der Selbstkritik, auf ein Minimum zu reduzieren. Objektive, von den Naturgesetzen bestimmte Gefahren entstehen durch Nebel, Temperaturstürze und Gewitter sowie Steinschlag, Vermurungen und Lawinen. Sie lassen sich selbst mit bester Ausrüstung, einer guten Beobachtungsgabe und jahrzehntelanger Erfahrung nur auf ein gewisses Maß beschränken.

Bei Regen, Nebel oder Schneegestöber können sich grasige oder felsdurchsetzte Steige in heimtückische Rutschbahnen verwandeln. Bei Gewittern gilt: Gipfel, Grate, Felsvorsprünge und Hochflächen sofort verlassen, weg von Drahtseilen oder Eisengeländern, keine einzeln stehenden Bäume aufsuchen! Besonders hart gefrorene Altschneereste oder von Bächen unterspülte Schneebrücken bergen oft unterschätzte Gefahren.

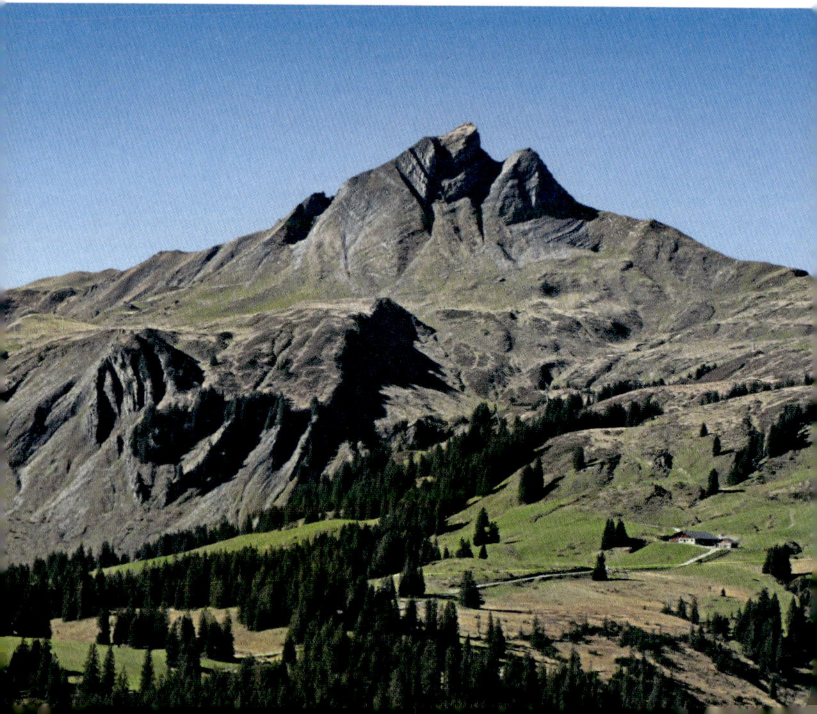

Symbole

mit Bahn/Bus erreichbar	Fahrt mit Seilbahn/Sessellift
Einkehrmöglichkeit	Gipfel/Pass, Sattel
für Kinder geeignet	Brücke
Ort mit Einkehrmöglichkeit	Kirche, Kapelle, Bildstock
Einkehrmöglichkeit	Höhle
Bergstation Seilbahn	Aussicht
Bergstation Sessellift	Wasserfall

Ausrüstung

Selbst bei Talwanderungen sind Trekkingschuhe vorteilhaft. Außer Regen- und Kälteschutz sowie Reservewäsche kann eine Stirnlampe gute Dienste leisten. Teleskop-Wanderstöcke sind besonders im Abstieg zur Gelenkentlastung sehr empfehlenswert. Bei Nässe sowie Querungen von Bächen und Schneefeldern bieten sie eine zusätzliche Sicherheit. Mit einem Handy ruft man im Notfall rasch Hilfe herbei (Bergrettung landesweit: 144). Außerdem sollte man genügend Wasser in einer Trinkflasche mitnehmen.

Jahreszeit

Für alpine Wandervorschläge, bei denen bereits die Ausgangsorte teilweise über 1000 m hoch liegen, verlässliche »günstigste Jahreszeiten« angeben zu wollen, erweist sich in der Praxis als wenig sinnvoll. Es ist empfehlenswert, sich vorab beim zuständigen Verkehrsamt bzw. Wetterdienst (siehe S. 14–17) über die aktuellen Verhältnisse zu erkundigen.

Wahrscheinlich sind die Gefahren durch nordwest- bis nordostgerichtete Altschneefelder in Höhen über 2000 m bis in den Juli hinein nicht unerheblich. Für Touren in den Tälern eignet sich durchaus schon der Mai, bis zur Waldgrenze die erste Junihälfte. Ab Oktober ist besonders schattseitig mit vereisten Passagen zu rechnen.

Landkarten

Die Kartenausschnitte wurden der Freytag & Berndt-Wanderkarte 364 »Bregenzerwald« in einem Maßstab 1:50.000 entnommen. Sie ist für den Bergwanderer ein zuverlässiges Hilfsmittel. Wer auch im weglosen Gelände auf Entdeckung gehen möchte, der wählt vorzugsweise die Österreichische Karte des Bundesamtes für Eich- und Vermessungswesen oder die unübertroffene Landeskarte der Schweiz, jeweils im Maßstab 1:50.000.

Ausgesetzte Steige wie über die Ostflanke der Damülser Mittagspitze setzen Trittsicherheit voraus.

GPS-Tracks und Koordinaten der Ausgangspunkte

Auf **gps.rother.de** stehen zu diesem Wanderführer GPS-Tracks und die Koordinaten der Ausgangspunkte zum kostenlosen Download bereit. Dieser QR-Code führt direkt zum Download.
12. Auflage, Passwort: **408812wur**
Die GPS-Tracks können in die **Rother App** importiert werden. In der App kann man unterwegs stets sehen, wo man gerade ist und wo es langgeht. **Anleitungen dazu: rother.de/gps**
Trotz sorgfältiger Prüfung können wir Fehler und zwischenzeitliche Veränderungen nicht ausschließen. Verlassen Sie sich für die Orientierung niemals einzig und allein auf die GPS-Daten, sondern beurteilen Sie die Verhältnisse vor Ort.

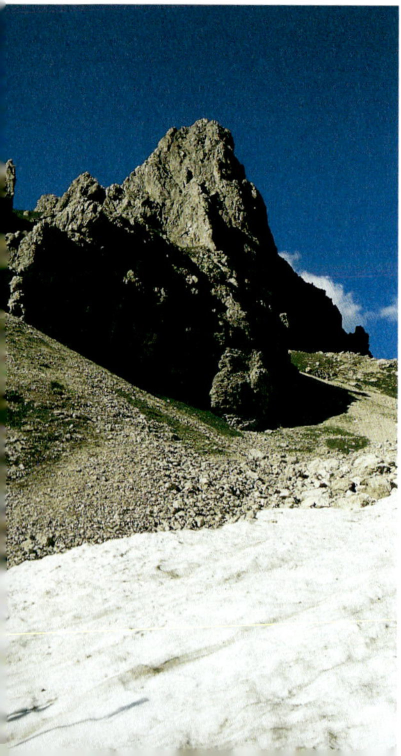

Mit Kindern unterwegs

Ob sich Touren für Kinder eignen, hängt von der Länge der Anstiege, der Ausgesetztheit der Wege und v.a. auch vom Abwechslungsreichtum einer Wanderung ab. Abenteuerliche Waldpfade und kurzweilige Steige zu Wildbächen und Wasserfällen, Bergseen und Aussichtsfelsen finden immer große Akzeptanz.

Information

- Vorarlberg Tourismus, Poststraße 11, A-6850 Dornbirn, Tel. +43/5572/377033-0, vorarlberg.travel.
- Telefonnummern und Internetadressen der örtlichen Verkehrsämter finden Sie im Kapitel »Talorte im Überblick«.
- Wetterbericht DAV: alpenverein.de; Wetter Vorarlberg: Tel. 0900/530 1119 (kostenpflichtig und nur innerhalb Österreichs erreichbar); Vorarlberg Online, wetter.vol.at

Kombiniertes Gelände verlangt eine entsprechende Ausrüstung.

Talorte im Überblick

Alberschwende
Erholungsort über dem Tal der Bregenzer Ach, am Eingang vom Rheintal in den Vorderwald. Information: Tourismusbüro, 6861 Alberschwende, Tel. +43/5579/4233, alberschwende.at.

Andelsbuch
Streusiedlung auf weiter Ebene über der Bregenzer Ach, Mittlerer Bregenzerwald. Information: Andelsbuch Tourismus, 6866 Andelsbuch, Tel. +43/5512/2565, andelsbuch-bregenzerwald.com.

Au
Streuort im Hinterwald an der Felsenge der Bregenzer Ach. Information: Tourismusbüro, 6883 Au, Tel. +43/5515/2288, au-schoppernau.at.

Bezau
Hauptort des Bregenzerwaldes in einer Talweitung der Bregenzer Ach. Information: Bezau Tourismus, 6870 Bezau, Tel. +43/5514/2295, bezau-bregenzerwald.com.

Bizau
Feriendorf im Tal des Bizauer Bachs, mitten im Bregenzerwald. Information: Tourismusverein, 6874 Bizau, Tel. +43/5514/2129, bizau-bregenzerwald.com.

Damüls
Verstreuter Luftkurort und Wintersportdorf an der Furkastraße. Information: Damüls-Faschina Tourismus, 6884 Damüls, Tel. +43/5510/620, damuels.at.

Doren
Aussichtsreiche Streusiedlung über dem Weißachtal, im nördlichen Vorderwald. Information: Tourismusbüro, 6933 Doren, Tel. +43/5516/2018, doren.at.

Egg
Moderne Großgemeinde im Tal der Bregenzer Ach, Mittlerer Bregenzerwald. Information: Tourismusbüro, 6863 Egg, Tel. +43/5512/2426, egg-bregenzerwald.com.

Hittisau
Metropole des Vorderen Bregenzerwaldes auf kleiner Wiesenebene zwischen Bolgenach und Subersach. Information: Hittisau Tourismus, 6952 Hittisau, Tel. +43/5513/6209250, hittisau.at.

Krumbach

Ferienort mit kleinem Dorfkern über dem Bolgenachtal. Information: Tourismusbüro, 6942 Krumbach, Tel. +43/5513/8157, krumbach.at.

Langenegg

Bäuerliche Streusiedlung auf einer Anhöhe über dem Tal der Bregenzer Ach. Information: Tourismusbüro, 6941 Langenegg, Tel. +43/5513/4101-14, langenegg.at.

Lingenau

Verstreutes Feriendorf auf einer Terrasse des Subersachtals. Information: Tourismusbüro, 6951 Lingenau, Tel. +43/5513/6321, lingenau-bregenzerwald.at.

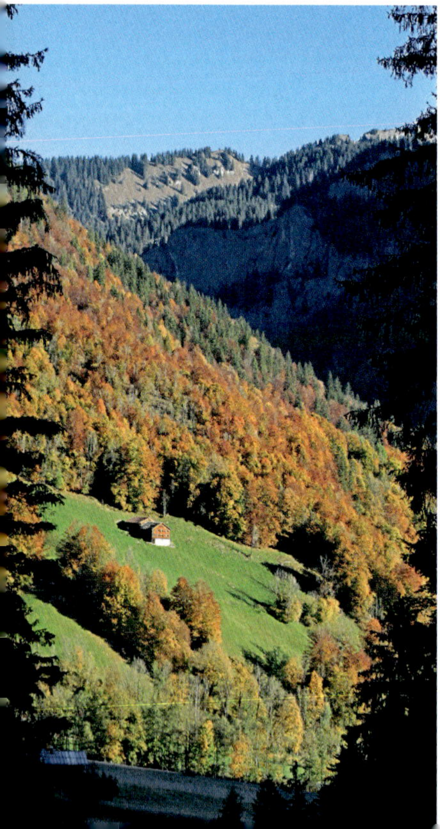

Mellau

Ferienort an der Doppelschleife der Bregenzer Ach. Information: Mellau Tourismus, 6881 Mellau, Tel. +43/5518/2203, mellau.com.

Reuthe

Streusiedlung mit Moorbad an einer Engstelle des Bregenzer-Ach-Tals. Information: Tourismusbüro, 6870 Reuthe, Tel. +43/5514/2459, reuthe.at.

Riefensberg

Kleiner Erholungsort über dem Weißachtal nahe der bayerischen Grenze. Information: Riefensberg Tourismus, 6943 Riefensberg, Tel. +43/5513/8356-0, riefensberg.at.

Schnepfau

Kleines und noch ländliches Erholungsdorf am Ende einer Talweitung der Bregenzer Ach. Information: Tourismusbüro, 6882 Schnepfau, Tel. +43/5518/2114, schnepfau.at.

Im Hinterwald bei Au.

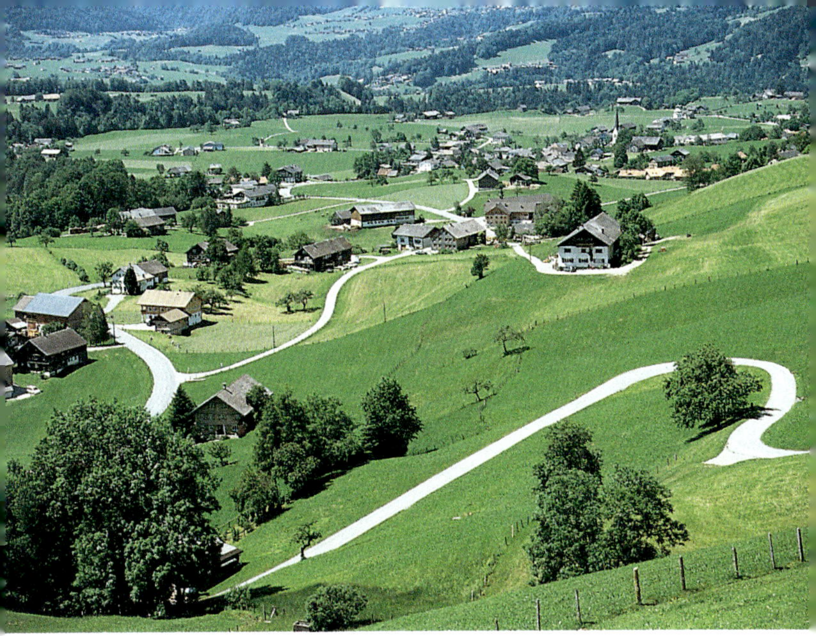

Auf einer Terrasse des Subersachtals scharen sich die Häuser von Lingenau.

Schoppernau

Straßendorf im letzten Talkessel des Bregenzerwaldes. Information: Tourismusbüro, 6886 Schoppernau, Tel. +43/5515/2495, au-schoppernau.at.

Schröcken

Charmantes, kleines Walserdorf am Beginn der Hochtannbergstraße. Information: Warth-Schröcken Tourismus, 6767 Warth, Tel. +43/5583/35150, warth-schroecken.at.

Schwarzenberg

Malerisches Dorf über dem Bregenzer-Ach-Tal, Mittlerer Bregenzerwald. Information: Tourismusbüro, 6867 Schwarzenberg, Tel. +43/5512/3570, schwarzenberg.at.

Sibratsgfäll

Kleines Bergdorf an der Öffnung des Hirschgundtals, nahe der bayerischen Grenze. Information: Sibratsgfäll Tourismus, 6952 Sibratsgfäll, Tel. +43/5513/211213, sibra-bregenzerwald.com.

Wandern im Bregenzerwald

Vorderer Bregenzerwald

Den Hauptanteil der Nordhälfte Vorarlbergs nimmt der romantische Bregenzerwald ein. Der Name bedeutet soviel wie »Wald der Bergwasser«. Ein Meer von sanft geschwungenen Molasse-Bergwellen – Konglomerate, Sandstein und Mergel aus dem Tertiär – prägt das Bergland des Vorderen Bregenzerwaldes etwa bis Schwarzenberg – Egg – Sibratsgfäll.

Die Höhenlagen des Bregenzerwaldgebirges sind von einem Mosaik aus Waldflecken und leuchtenden Alpmatten überzogen. Immer wieder zerfurchen zahlreiche, über weite Strecken weglose Tobel und Schluchten, wie jene der Bregenzer Ach, das überwiegend anmutig wirkende Vorgebirge. Die Wildnis bestimmt hier sozusagen das untere Stockwerk, während sich das Leben in der oberen Etage abspielt.

Der uralte Landschaftsbegriff »Bregenzerwald« wird, nebenbei bemerkt, seinem Erscheinungsbild längst nicht mehr gerecht. Tausende von Baumstämmen der ehemals dichten Waldregion traten auf der Bregenzer Ach ihre Flößerreise ins Unterland an und sind zu Rebstöcken verarbeitet worden. Auch der Brenn- und Bauholzbedarf trug zum immer stärkeren Lichten des Waldmantels bei. Heute ist gerade noch etwa ein Viertel der Gesamtfläche des »Waldes« Wald.

Alpkessel der Oberen Falzalpe bei Egg-Schetteregg.

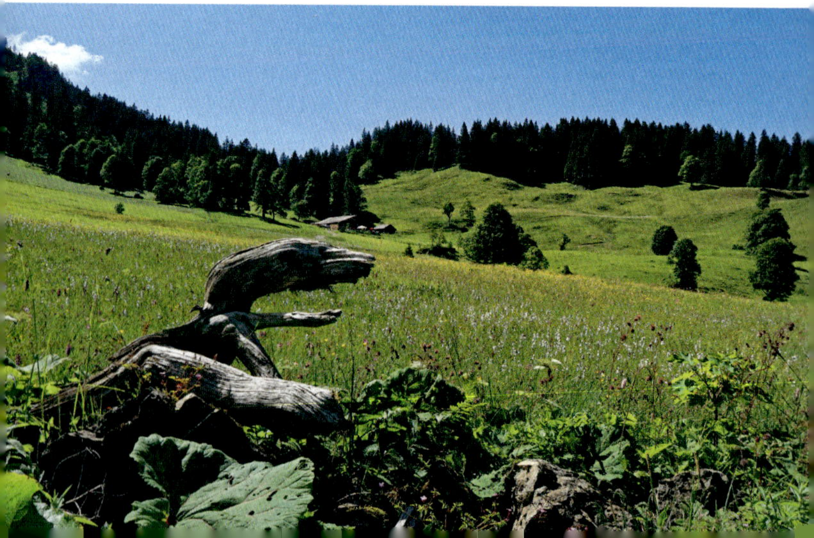

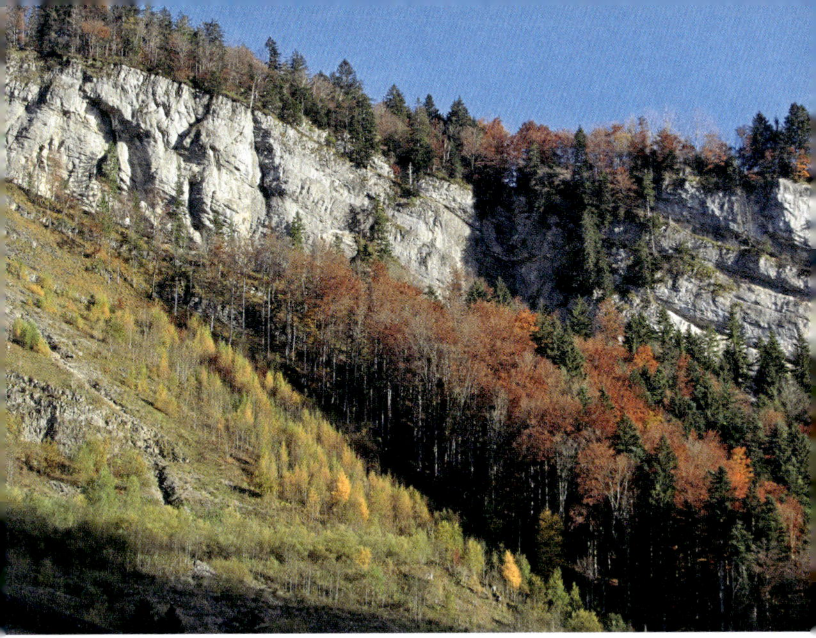

Im Mittleren Bregenzerwald vollzieht sich bei Bersbuch ein eindrucksvoller Landschaftswechsel.

Die blumengeschmückten, geschindelten Wälderhöfe der Streusiedlungen gliedern sich harmonisch in die liebliche Umgebung. Heitere, leuchtend grüne Wiesenterrassen erinnern im Vorderwald an die ungeheuren Gletscherströme der Eiszeit. Ein ideales Urlaubsland für Wanderer, die es gerne gemütlich und erholsam mögen und die Stille einer noch weitgehend unverfälschten Berglandschaft bevorzugen.
Diesem ersten Tourenteil sind auch die Vorschläge im Bereich der Gemeinden des historisch bedeutsamen Mittleren Bregenzerwaldes zugeordnet, da der Landschaftscharakter bis zum Winterstaudenkamm (1877 m) dem Vorderwald ähnelt. Eine Verbindung ganz besonderer Art zwischen den zum Mittleren Wald gehörenden »lachenden Fluren von Andelsbuch, dem Paradiese des Bregenzerwaldes«, wie es in einem alten Reisehandbuch heißt, und dem Hinterwald verkörpert die Museumsbahn. Die 6 km lange nostalgische Schienenstrecke verbindet Bersbuch mit Bezau und erinnert an das im Jahre 1980 stillgelegte »Wälder Isebähle«, das vormals durch das unbewohnte und von Erdrutschen bedrohte Tal der Bregenzer Ach bis zum Bodensee dampfte.

Hinterer Bregenzerwald

Die Kreidezone des Hinteren Bregenzerwaldes zeichnet ab dem Höhenzug der Winterstaude, südlich unwesentlicher weicher Flyschformen, einen abrupten Landschaftswechsel. Wir befinden uns hier in der Formation des Helvetikums und somit, rein geologisch betrachtet, in den Westalpen. Gemäß der geografischen Alpeneinteilung bildet dagegen bekanntlich der Rhein die Trennlinie zwischen Ost- und Westalpen.

Die Bausteine des Helvetikums sind vorwiegend verhältnismäßig resistente Kalkgesteine und weiche Mergelschichten. Diese unterschiedliche Widerstandsfähigkeit der Gesteine hat zur Folge, dass sich die Formen während einer Fahrt in den Hinteren Bregenzerwald jeweils häufig abwechseln, hier bis obenhin begrünte Bergkämme, dort jäh abstürzende Schrattenkalkwände. Charaktervolle Gebirgsstöcke wölben sich nun urplötzlich auf, stolzieren erhaben über ihrer Umgebung, doch keineswegs schwierig zu erklimmen.

Weiter einwärts schießen die abweisenden Bollwerke der Kanisfluh (2044 m), unverwechselbares Wahrzeichen der Region, und der Mittagsfluh aus der Jurazeit in die Höhe. Südseitig fallen diese Respekt einflößenden Erscheinungen als angenehm begehbare Grasdächer ab. Sonnige Talweitungen mit freundlichen Wälderdörfern schieben sich zwischen die markanten Felsriesen des Hinterwaldes – eine liebenswerte Erholungslandschaft, geprägt von sanftem Tourismus, fern jeglicher Hektik. Auch die faszinierende, alpenreiche Damülser Bergwelt bis zum Faschinajoch und Furkajoch mit so namhaften Gipfelgestalten wie der Damülser Mittagspitze (2095 m) und dem Glatthorn (2134 m) wurde in diese Wanderregion mit aufgenommen.

Die sich schluchtartig verengende Talschaft von Au bis zum Hochtannbergpass gehört unbenommen noch zum Bregenzerwald. Das Bregenzerwaldgebirge wird nun westlich der Ach vom kalkalpinen Lechquellengebirge abgelöst mit so imponierenden Dolomitburgen wie dem Zitterklapfen (2403 m), der Hochkünzelspitze (2397 m) oder der Mohnenfluh (2542 m).

Die Allgäuer Alpen flankieren mit dem Diedamskopf (2090 m) und der Graspyramide Üntschenspitze (2135 m) die östliche Talseite. Das innerhalb dieses Gebirges durch anstrengende Jochübergänge abgegrenzte Kleinwalsertal gehört politisch und siedlungsgeschichtlich zu Vorarlberg. Touristisch bildet es eine Einheit mit dem Allgäu, und wirtschaftlich ist es der Bundesrepublik angegliedert. Somit hat es für unseren vorgestellten Wanderbereich kaum Bedeutung.

Folgende Doppelseite: Über dem Tal der hinteren Bregenzer Ach bei Mellau schwingen sich die Damülser Berge mit ihren weiten Alpmatten zu den höchsten Gipfeln des Bregenzerwaldgebirges auf.

Der Umwelt zuliebe ...

Auch beim Wandern hinterlassen wir einen ökologischen Fußabdruck, aber im Einklang mit der Natur unterwegs zu sein, ist gar nicht so schwer!

VORBEREITUNG UND ANFAHRT

- Sich vorab informieren, worauf in Bezug auf Natur und Umwelt in der jeweiligen Wanderregion besonders zu achten ist.
- Soweit möglich mit Bahn und Bus anreisen, Wander- und Rufbusse nutzen.
- Ist eine Anfahrt mit dem Auto nötig, Fahrgemeinschaften bilden.
- Bei weiten Anfahrten Mehrtagestouren planen oder von einem Quartier vor Ort aus mehrere Touren absolvieren.
- Flugreisen möglichst reduzieren und durch Beiträge zu Klimaschutzprojekten kompensieren.

KLEIDUNG UND AUSRÜSTUNG

- Beim Kauf von Outdoor-Kleidung auf umweltfreundliche und faire Herstellung achten und Kleidungsstücke möglichst viele Jahre nutzen.
- Ausrüstung kann man eventuell auch gebraucht kaufen oder ausleihen.
- Reparieren statt neu kaufen.

VERPFLEGUNG

- Beim Einkauf Bio-Ware, regionale und saisonale Erzeugnisse bevorzugen.
- Hütten und Gasthäuser auswählen, die regionale Produkte verwenden.
- Auf Einwegflaschen und Plastikverpackungen verzichten, stattdessen wiederverwendbare Trinkflaschen und Brotzeitboxen benutzen.

ÜBERNACHTUNG

- Bei lokalen Anbietern buchen, damit Menschen vor Ort profitieren.
- Auf Hütten und in anderen Unterkünften Strom und Wasser sparen.

UNTERWEGS

- Wege benutzen und Abkürzer vermeiden.
- Sperrungen von Wegen und Schutzgebieten respektieren.
- Keine Blumen pflücken und keine Pflanzen entnehmen.
- Waldbrandgefahr beachten.
- Müll wieder mit nach Hause nehmen und dort entsorgen.
- Toilettengänge in freier Natur möglichst vermeiden.
- Lärm vermeiden.
- Hunde an die Leine nehmen.

ROTHER
BERGVERLAG

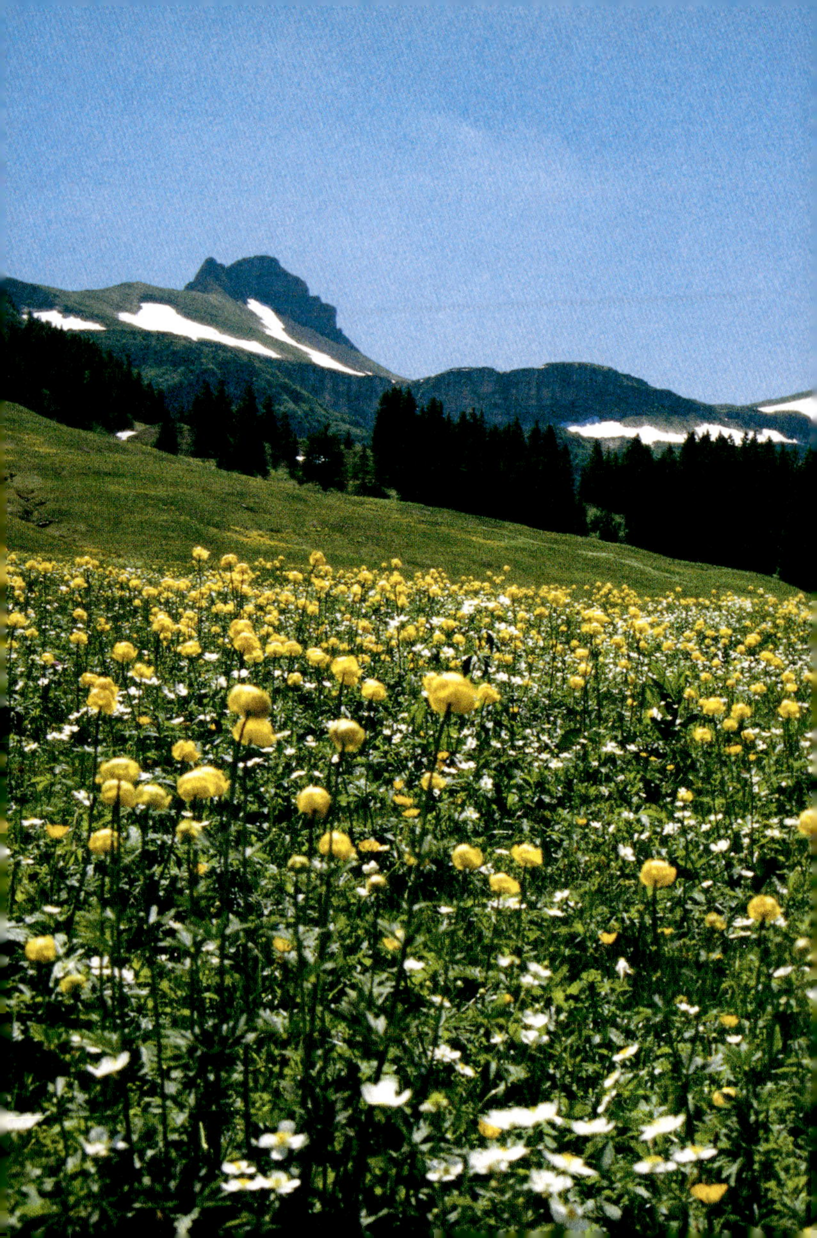

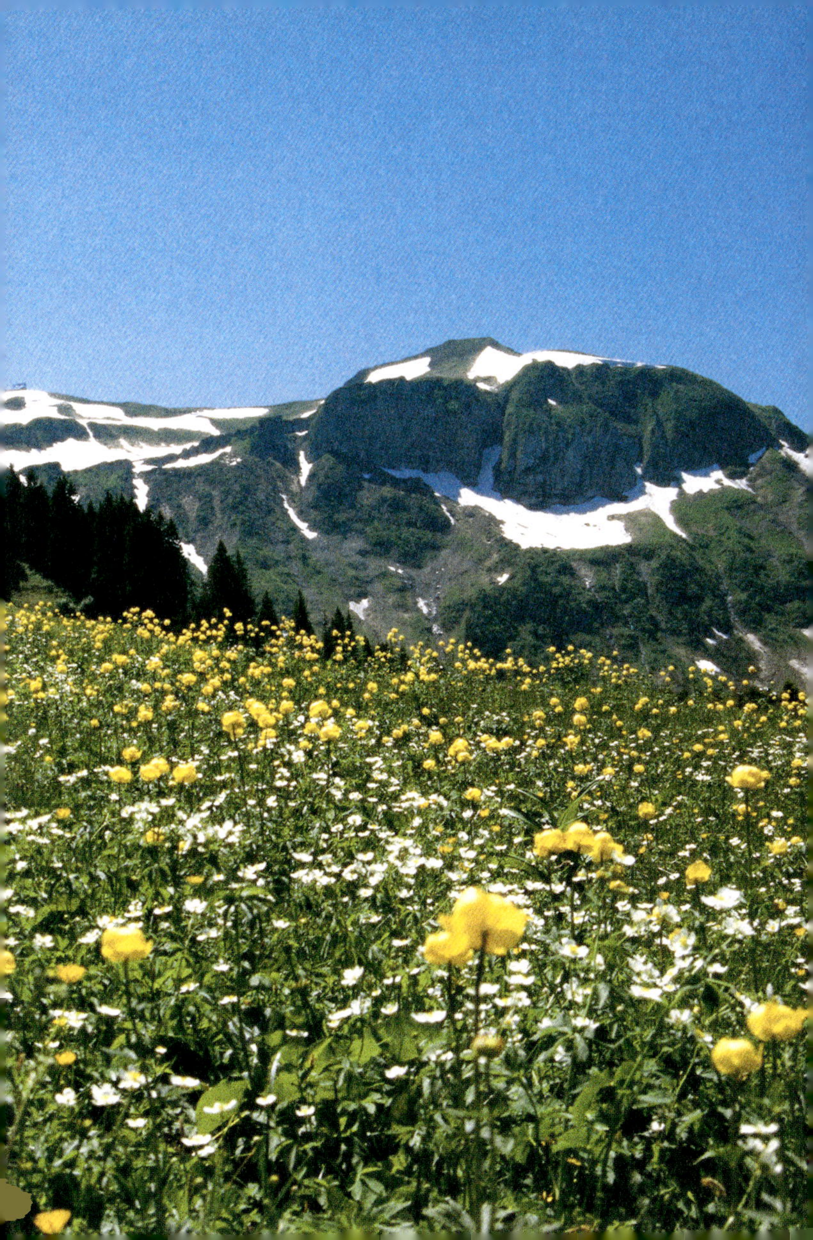

1 Hochhäderich, 1566 m

2.30 Std.

Eckposten der Allgäuer Nagelfluhkette

Die Rundschau übers wellige Alpenvorland und den Bodensee, in die Bregenzerwaldberge, in das Lechquellengebirge und die Allgäuer Gipfelwelt verleiht dem Hochhäderich, auch Hoher Häderich genannt, das Prädikat einer Aussichtsloge ersten Ranges. Dank des hoch gelegenen Startpunktes ermöglicht der Hittisauer Hausberg eine bequeme Rundtour für Genießer.

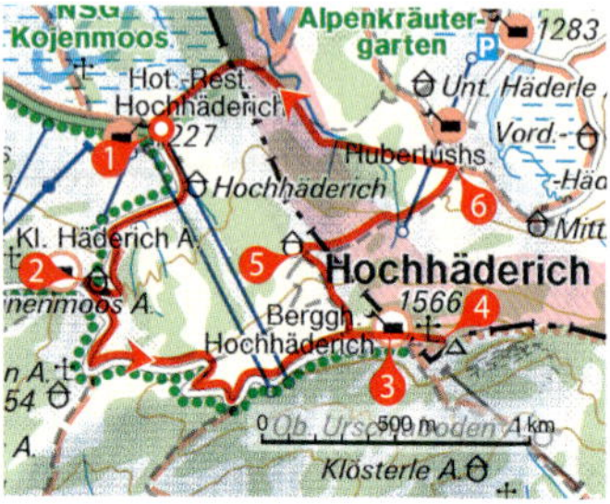

Ausgangspunkt: Bushaltestelle am Almhotel Hochhäderich bei Riefensberg, 1227 m; Parkplatz. Zu erreichen von der Straße Riefensberg-Hittisau, bei den Häusern von Bolgenach auf die Bergstraße zum Almhotel Hochhäderich abzweigen.

Höhenunterschied: 370 m.

Anforderungen: Ausreichend bezeichnete Alp- und Wanderwege, Pfade. Leichte Anstiege.

Einkehr: Almhotel Hochhäderich, Hennenmoosalpe, Alpengasthaus Hochhäderich.

Hörmoossee mit Hochhäderich.

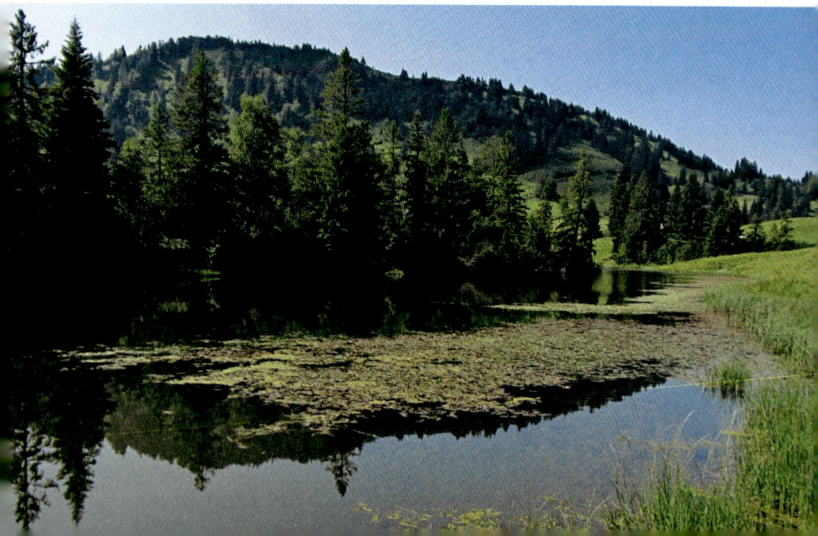

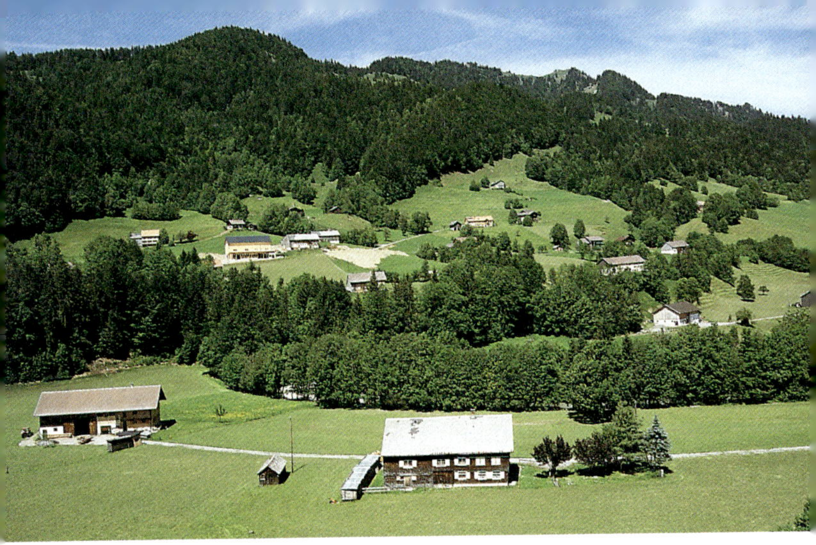

Über dem Bolgenachtal erhebt sich der Hochhäderich, Grenzgipfel zum Allgäu.

Ein asphaltierter Alpweg steigt vom **Almhotel Hochhäderich (1)** über Weidehänge zur **Hennenmoosalpe (2)**, 1320 m, mit Imbissstube. Vorbei an der Gehrenalpe gelangt man in wenigen Kehren zum Westrücken des Hochhäderichs. Da taucht der Bodensee aus der Versenkung auf. Und schon treffen wir beim **Alpengasthaus Hochhäderich (3)**, 1530 m, ein, zugleich Alphütte. Ein paar Pfad-Minuten sind es dann nur noch zum **Hochhäderich (4)**.

Nach einer Stärkung im Alpengasthaus spazieren wir auf dem Alpweg ein ganz kleines Stück zurück und steigen nach einer Kurve bei zwei Nagelfluhfelsen Richtung Hörmoosalpe nördlich auf einem steilen, markierten Pfad über einen Weidehang hinunter zur **Kleinen Häderichalpe (5)**. Dort wechselt unser nur noch leicht fallender Kurs in östlicher Richtung die Staatsgrenze nach Bayern.

Vor dem **Hubertushaus (6)** oberhalb des länglichen, in einer Moorsenke schimmernden Hörmoossees folgen wir Richtung Hochhäderich-Parkplatz dem Wanderweg bergab zu einem Hochmoor. Nach unbedeutendem Gegenanstieg überschreiten wir in einem lichten Wäldchen die Grenze nach Vorarlberg und treffen wenig später wieder beim **Almhotel Hochhäderich (1)** ein.

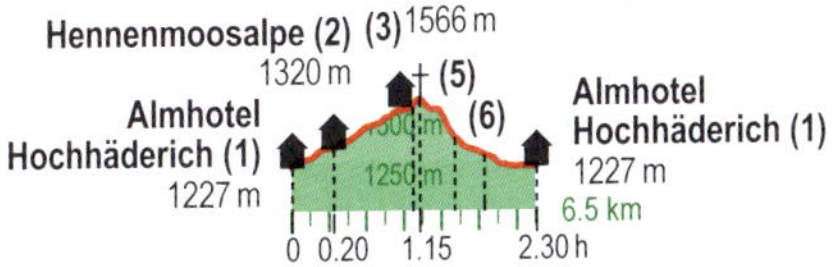

2 Über der Weißachschlucht

1.50 Std.

Bummelei auf der Sonnenseite des Sulzberg-Höhenzugs

Das teils schluchtartig ins Hügelland des Vorderwaldes eingeschnittene und völlig unbewohnte Weißachtal selbst bietet dem Wanderer keine Möglichkeiten zu einer Erkundung. Man müsste sich für diese wilde Unterwelt schon entsprechend ausrüsten und Pionier spielen. Ganz anders sieht es dagegen an den Südhängen des lang gestreckten Sulzberg-Höhenzugs aus. Hier kann man aus dem reichhaltigen Wanderwegenetz einen erholsamen Ausflug mit vortrefflichen Bergblicken auswählen.

Ausgangspunkt: Doren, Bushaltestelle am Gasthof Adler, 700 m; Parkplatz vor der Kirche.
Höhenunterschied: 280 m.

Anforderungen: Gut beschilderte Wanderwege, Pfade und meist geteerte Güterwege, teils Pfadspuren. Kurze Anstiege.
Einkehr: Nur Gasthof Adler in Doren.

Wir starten in **Doren (1)** am Gasthof Adler, folgen vor der Kirche dem bergwärts führenden Sträßchen und orientieren uns am Schild »Sulz«. Der anfangs steil an einem kleinen Bergbach durch Mischwald ansteigende Wanderweg wechselt später in ein ebenfalls steigendes Sträßchen. In der Parzelle **Sulz (2)**, 810 m, haben wir den höchsten Punkt der Rundwanderung erreicht. Hier weitet sich das bereits im Dorf auffallende Bergpanorama vom Hohen Ifen bis zu den Schweizer Alpen. Diese Augenweide muss man erst mal eine Weile auf sich wirken lassen.

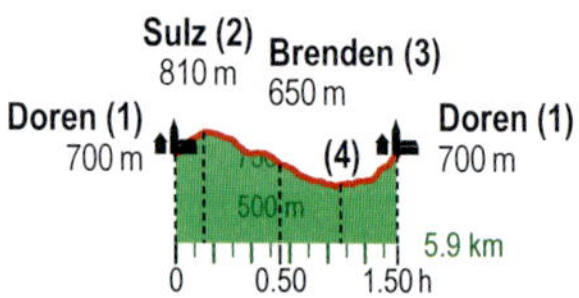

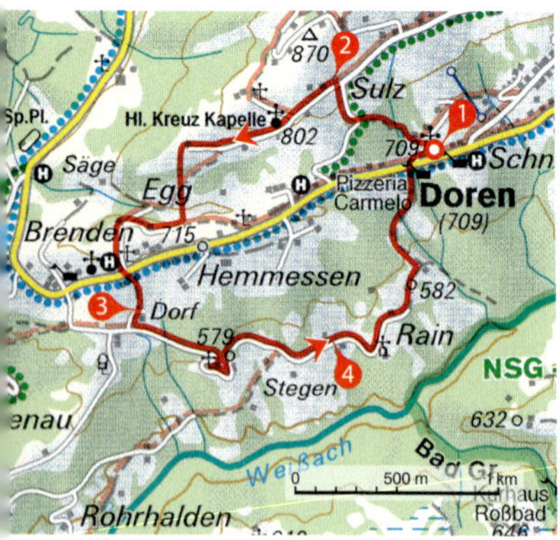

Ein geteerter Güterweg passiert anschließend die Hl.-Kreuz-Kapelle, einen Holzschindelbau. Kurz vor einem einzelnen Bauernhof leitet das weiß-gelbe Schildchen den Abstieg auf einer Pfadspur über Weidehänge nach Egg ein. Nach der Querung der Straße von Doren geht's auf einer bezeichneten Wiesenspur bergab zum **unteren Ortsteil von Brenden (3)**, 650 m.

Zu den weit verstreuten Häusern von **Rain (4)**, 550 m, finden wir wie-

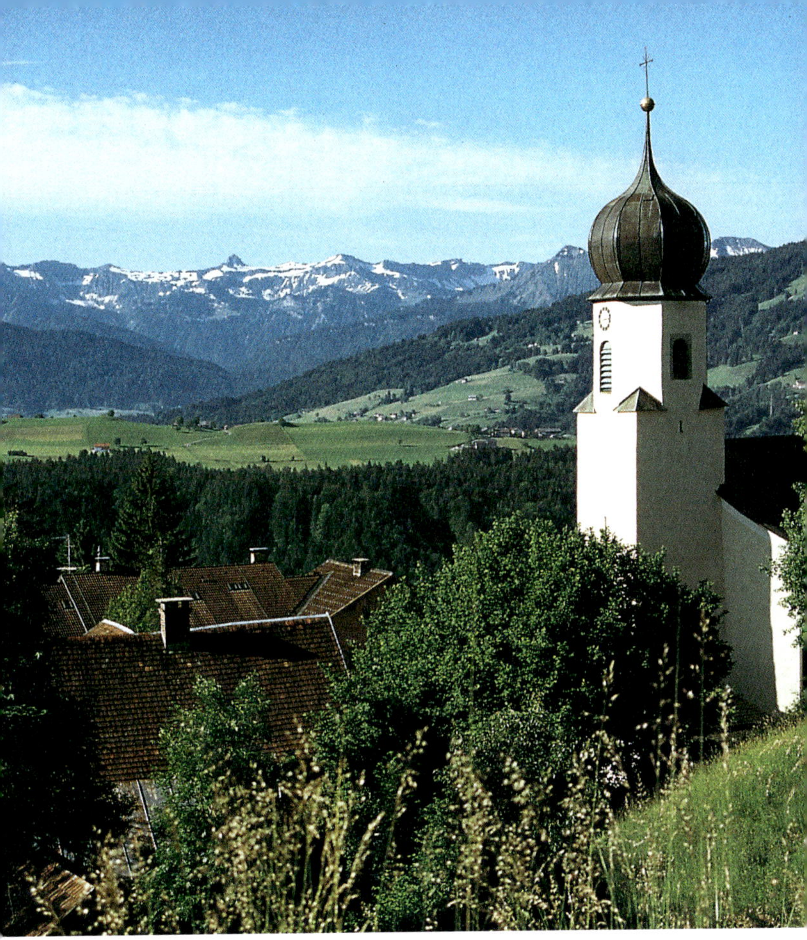

Die aussichtsreiche Streusiedlung Doren auf der Sonnenseite des Weißachtals.

der ein von bescheidenen Weidegebieten gesäumtes Gütersträßchen vor, das über dem dicht gewebten Waldmantel der Weißachschlucht in wenigen Kehren talwärts verläuft.
Am abgelegenen, letzten Anwesen lenkt eine weiß-rote Markierung auf einen reizvollen Pfad, der an einem Kreuz vorbei und über Bachstege, zwischendurch als Ziehweg, bergan nach **Doren (1)** steigt.

3 Um das »lange Eck« nach Englen

2.15 Std.

Durchs Hochmoor von Tobel zu Tobel

Das aussichtsreiche Eck des langen Schweizberg-Westausläufers mit den Langenegger Parzellen lockt zu einer spannenden Rundwanderung.

Ausgangspunkt: Langenegg, Bushaltestelle beim Gasthaus Krone, im nördlichen Ortsteil Gfäll, 694 m; Parkplatz.
Höhenunterschied: 200 m.
Anforderungen: Meist gut bezeichnete Pfade, Wanderwege, Güterwege und verkehrsfreie Sträßchen. Kurze steile Anstiege. Bei Nässe Vorsicht am Schlussaufstieg!
Einkehr: In Langenegg, Kurhotel Rossbad.

Wir folgen in **Langenegg** am **Gasthaus Krone (1)**, im nördlichen Ortsteil Gfäll, kurz der Hauptstraße Richtung Krumbach zu einer Kurve. Dort weist die rot-weiße Markierung auf ein Sträßchen, von dem wir gleich wieder auf einen Fahrweg abzweigen. Eine bezeichnete Pfadspur leitet am Waldrand bergab zu einer Ruhebank. Steil geht's nun auf einem Pfad in Stufen zwischen Fichten, Tannen und Buchen bergab zu einem alten Eisensteg, der uns über den erfrischenden Tobel des Glatzbachs trägt. Nach einem Aufstieg zu einem Pflanzenschutzgebiet achtet man auf die Markierung und kommt zum **Kurhotel Rossbad (2)**, 640 m.

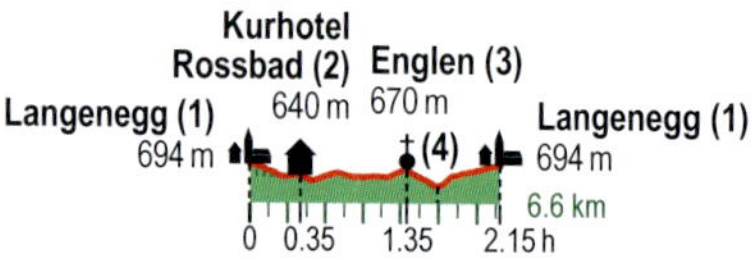

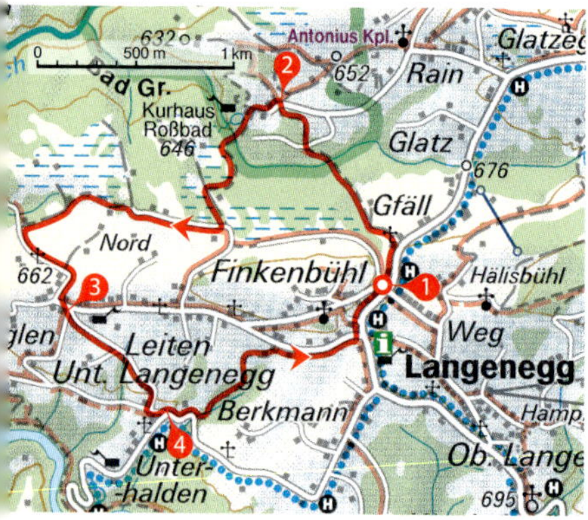

Der Wegweiser »Nord-Schutzgebiet« lenkt auf einen ebenfalls angelegten Waldpfad, der zurück in die Tobeltiefe führt. Der Bischof-Paul-Steg überspannt den bekannten Wildbach. Nun haben wir uns mit einem kurzen, aber wadenschindenden Holztreppenaufstieg anzulegen. Die Route hält sich links ein Stück am Tobelrand entlang und mündet dann nach dem Deltaportal »Ruhe« Richtung Bregenzerach in einen Wirtschaftsweg.

An der nächsten Verzweigung wandern wir über Wiesen Richtung Englen und durchqueren auf einem markierten Wanderweg einen herrlichen Moorwald.

Ein zuletzt geteerter Güterweg bringt uns hinauf nach **Englen (3)**, 670 m, mit Ausschau zum Brüggelekopf. Von der kleinen Ansiedlung präsentieren sich auch der Winterstaudenkamm und die Damülser Berge, im Osten der Hochhäderich und rückblickend Schneiderspitze, Pfänder, Hirschberg und Sulzberger Höhenzug.
Auf verkehrsfreiem Sträßchen schlendert man über einen Sonnenhang talwärts nach **Unterhalden (4)**, 590 m, folgt ganz kurz der ansteigenden Vorfahrtsstraße und wählt den rot-weiß bezeichneten Mühlegrabenpfad bergauf durch eine wilde Tobelkerbe. Sollte diese Etappe, auf der mehrmals das Bachufer gequert wird, nach starken Regengüssen unpassierbar sein, bleibt man der Straße treu. In **Langenegg** rechts haltend findet man zurück zum **Gasthaus Krone (1)**.

Moorwiese bei Langenegg.

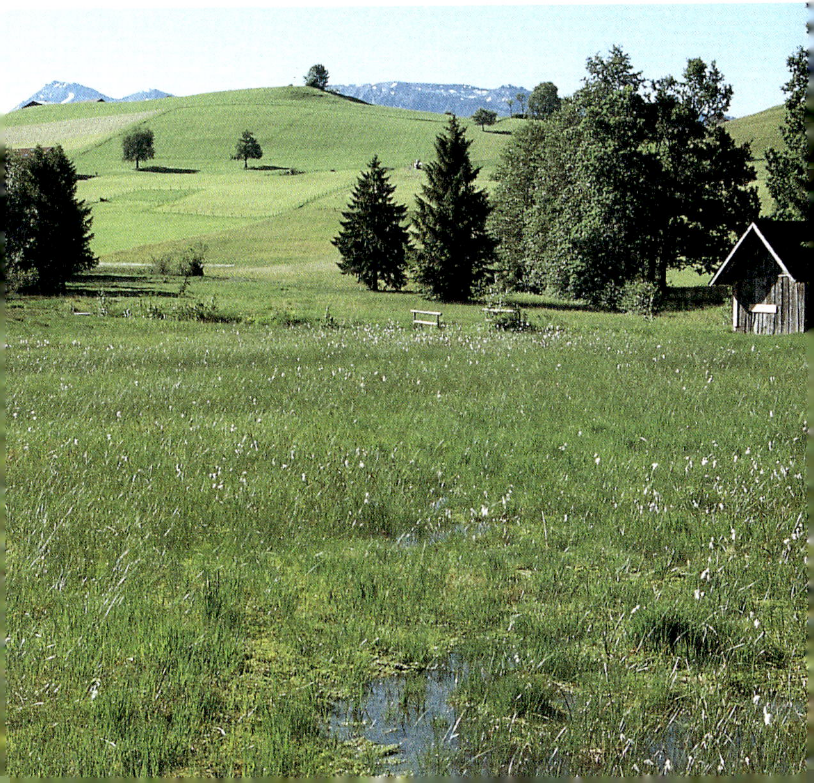

4 Schweizberg, 923 m

2.40 Std.

Minigipfel zwischen drei Gebirgsflüssen

Bolgenach, Weißach und Bregenzer Ach umwerben den touristisch zwar vollkommen unbedeutenden, aber dennoch liebenswerten Schweizberg. Wer einen vergnüglichen Halbtagesausflug sucht, wird an dieser einsamen Überschreitung sicher seinen Gefallen finden.

Ausgangspunkt: Krumbach, Bushaltestelle bei der Kirche, 732 m; Parkplatz.
Höhenunterschied: 280 m.
Anforderungen: Gut bezeichnete Pfade und Güterwege, teils kurze weglose Abschnitte. Leichter Aufstieg.
Einkehr: Nur in Krumbach.

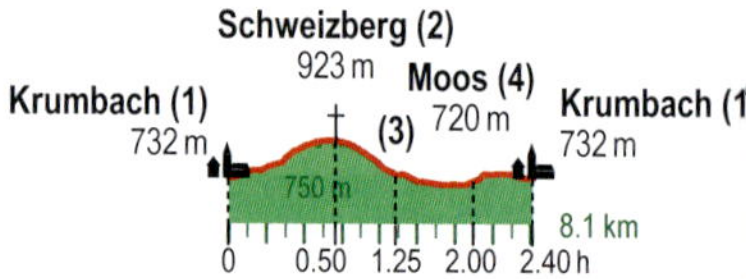

In **Krumbach (1)** zweigt bei der Kirche die von einem Gehsteig begleitete Straße Richtung Langenegg ab, von der gleich darauf der Wanderwegweiser »Schweizberg« auf eine spärlich weiß-gelb markierte Pfadspur lenkt. Diese führt zu den auf der rechten Wiesenkuppe stehenden Höfen von Oberkrumbach. Weiter geht's auf einem später geteerten Güterweg zu einer Wasseraufbereitungsanlage.
Nach einer kurzen weglosen Weidequerung mit Ausschau zum Sulzberger Höhenrücken und über Riefensberg zu den Allgäuer Waldschöpfen um Oberstaufen folgt ein Ziehwegstück. Zuletzt steigt man auf einem weiß-rot bezeichneten Pfad hinauf zur Waldkuppe des **Schweizbergs (2)**. Über dem hinteren Subersachtal präsentiert sich die Ifen-Kalkzinne.
Nach einer erholsamen Rast verlassen wir das stille Tourenziel auf einer am Waldrand entlang leitenden Pfadspur und nehmen den Güterweg Richtung

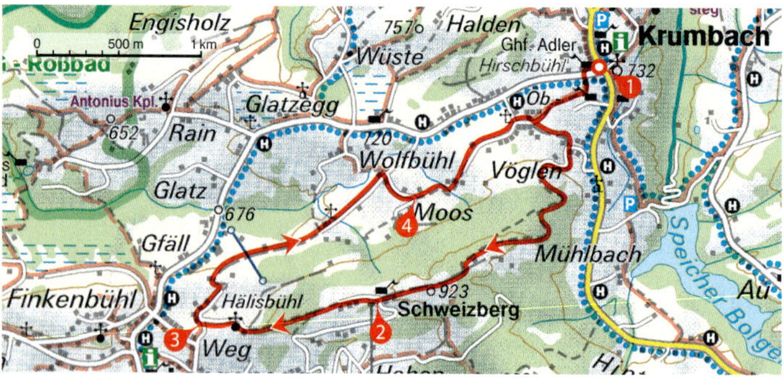

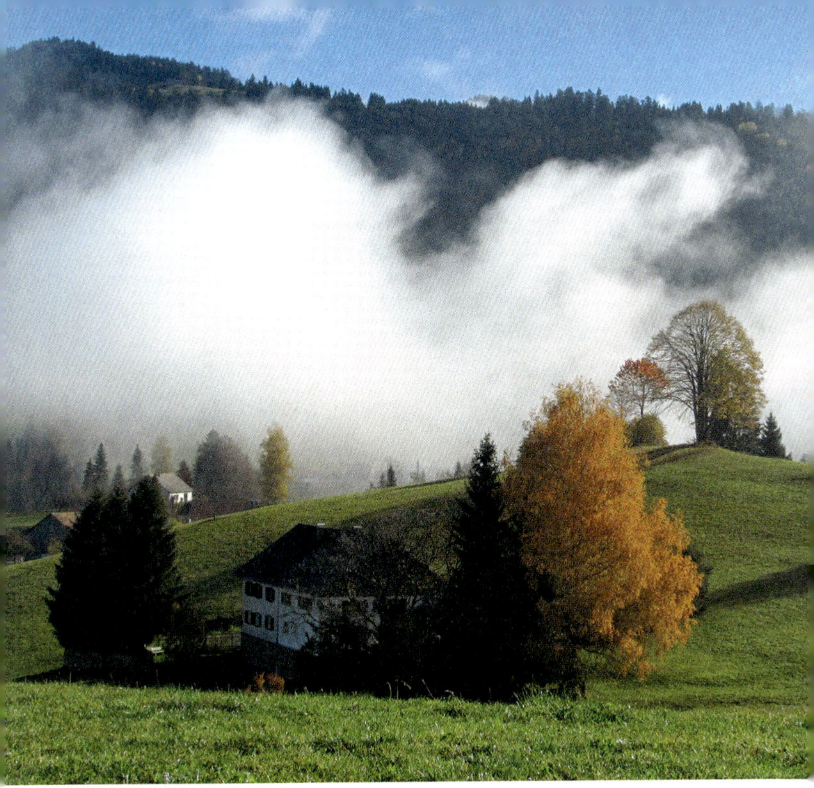

Ausblick von der Parzelle Oberkrumbach über das untere Bolgenachtal.

Hälisbühl zu den abgelegenen Bauernhöfen von Schweizberg. Dort öffnet sich von einem Aussichtspunkt der Blick unerwartet über die Lingenauer Talweitung in die Bergwelt von Damüls.
Auf nun asphaltiertem Güterweg ist die weiß-rote Markierung zu beachten. Hinter einem Viehstall leiten ein Pfad bergab durch den Wald und vom Waldende eine Weidespur zu einer nahen Kapelle. In **Hälisbühl (3)**, 745 m, nehmen wir das Anliegersträßchen Richtung Krumbach, das im weiteren Verlauf in einen flachen Feldweg wechselt. Nach kurzem Pfadabschnitt am Nordfuß des Schweizbergs stoßen wir in **Moos (4)**, 720 m, wieder auf ein Anliegersträßchen, das mit »Krumbach Ortsmitte« beschildert ist. Später überschreiten wir auf einer Pfadspur zwei Bachstege und spazieren zurück nach Oberkrumbach, wo wir den bekannten Kurs nach **Krumbach (1)** aufnehmen.

5 Die Lingenauer Drahtstegroute

1.50 Std.

Bequem über die wilde Talkerbe der Subersach

Während der schaukelnde Drahtsteg, bis 1835 die einzige Verbindung zwischen Lingenau und Egg, den Wanderer in der abenteuerlichen Schluchttiefe der Subersach über die Wildwasserwellen sicher von Ufer zu Ufer trägt, überspannt das nahe Straßenbrücken-Monstrum den tobenden Gebirgsfluss in einer Schwindel erregenden Höhe von 106 m.

Ausgangspunkt: Lingenau, Bushaltestelle an der St.-Anna-Kapelle, am westlichen Ortsrand, 669 m; Parkplatz beim nahen Hallenbad.
Höhenunterschied: 275 m.

Anforderungen: Fast durchweg bezeichnete Pfade und Güterwege, kurzer Abschnitt auf verkehrsfreiem Sträßchen. Lediglich kleine Anstiege. Vorsicht bei Nässe!
Einkehr: Nur in Lingenau.

Bei der kuppelförmigen St.-Anna-Kapelle in **Lingenau (1)** schickt uns der Wanderwegweiser »Egg – Drahtsteg« auf einen gelb-weiß markierten, geteerten Güterweg. Über der Wiesenebene erhebt sich das Winterstaudenmassiv und nahe hinter dem ansprechenden Dorfflecken reihen sich die ersten Erhebungen der Allgäuer Nagelfluhberge auf. Ab dem Ortsteil Rain trägt uns ein rot-weiß bezeichneter Wanderweg auf den First zu.
Die Egger Route senkt sich ab einer Verzweigung über eine Mischwaldflanke in die mächtige Schlucht der Subersach. Kurz begleitet uns in einer witzigen Tuffsteinrinne ein verspieltes Quellbächlein, das bald in spritzigen Kaskaden in die Tiefe stürzt. Weitere Wasserspiele perlen über moosige Felsabbrüche. Der lange **Drahtsteg (2)**, 547 m, mit zuverlässigen Stahlseilen wiegt uns neckisch über die von Nagelfluhkloben übersäten Untiefen der Subersach, schaurig schön.

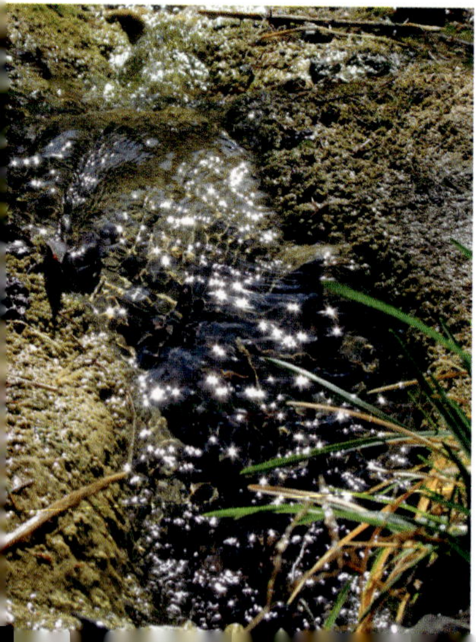

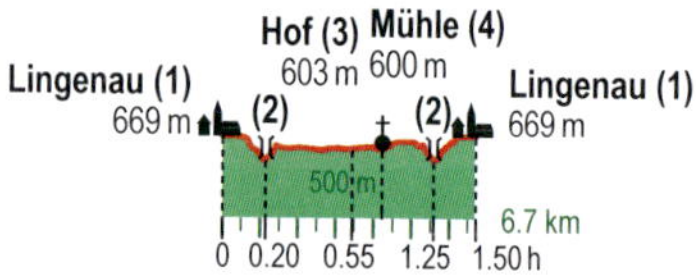

Prickelnde Wasserspiele begleiten den Abstieg zum Drahtsteg.

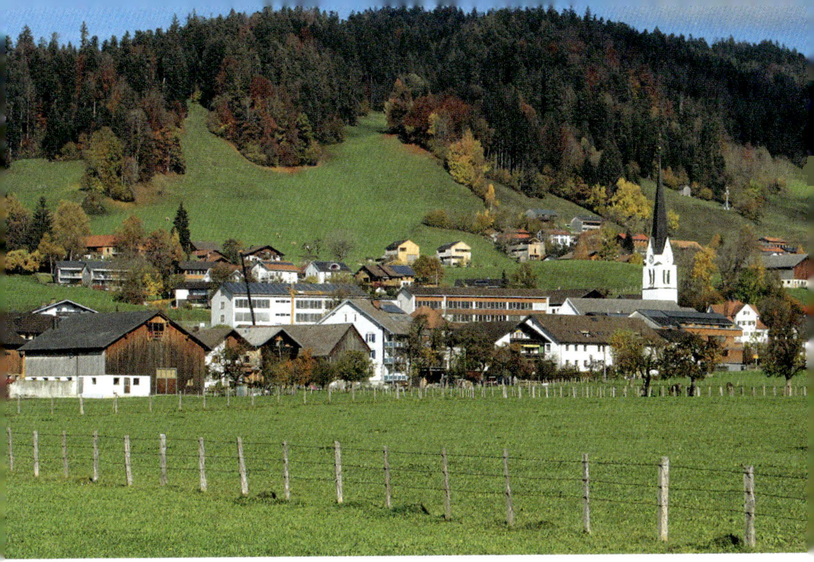

In ansprechender und sonniger Lage: der Dorfflecken Lingenau.

Ein Ziehweg überwindet nun die südlichen Uferhänge. An einer Abzweigung weist die Beschilderung »Hoftobelweg« auf einen Pfad, der uns in leichtem Auf und Ab entlang des Steilabfalls bis in die Nähe des Zusammenflusses von Subersach und Bregenzer Ach führt. Wo zuvor ein Weg den Wald verlässt, achte man auf die Markierung. Ein Waldweg bringt uns ab einem Klopfbrunnen mit Wassertretanlage zur Egger Parzelle **Hof (3)**, 603 m.

Von dem linken Anrainersträßchen gewinnt man schöne Ausblicke auf den Egger Talkessel. An der Gabelung in der Parzelle **Mühle (4)**, 600 m, wählen wir den Galgenweg, einen anfangs geteerten Güterweg, bergauf zur Erinnerungstafel an das Malefizgericht »unter den Linden« auf dem Galgenbühel, der einstigen Blutsgerichtsstätte des Hinteren Bregenzerwaldes. Nach einer Wiesenebene geleiten uns die im weiteren Verlauf schon bekannten Ziehwegschleifen hinunter zum **Drahtsteg (2)**, wo wir den Rückweg nach **Lingenau (1)** aufnehmen.

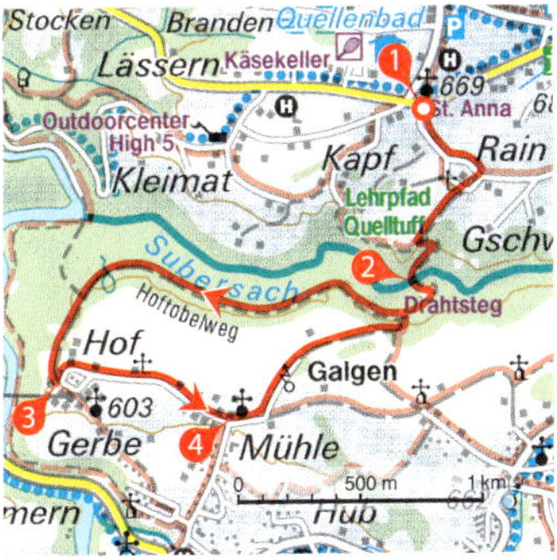

6 Rotenberg, 938 m

2.30 Std.

Beschauliche Wanderung zu stillem Waldschopf

An den abschüssigen Berglehnen über der Subersach-Talfurche, unterwegs zum harmlosen Rotenberg, wird die Heuarbeit der Vorderwälder Bauern trotz moderner Maschinen zur reinsten Akrobatik. Dem Touristen aus der Stadt verschlägt es beim Bewundern dieser geschickten Schinderei den Atem. Er würde sich nicht mal ohne Arbeitsgerät in diese Respekt einflößenden Steilgrashänge wagen.

Ausgangspunkt: Lingenau, Bushaltestelle an der Kirche, 685 m; Parkplatz.
Höhenunterschied: 340 m.
Anforderungen: Meistens beschilderte Pfade, zum Teil geteerte Güterwege und Waldwege, kleine Abschnitte auf Pfadspuren. Kurze Anstiege.
Einkehr: Nur in Lingenau.

Wir nehmen von der Kirche in **Lingenau (1)** den Gehsteig Richtung Egg zur riesigen Subersachbrücke mit lohnendem Tiefblick. Vor der Brücke dirigiert uns der Wegweiser »Lingenau Ortsmitte« auf eine am Schluchtrand entlangführende Wiesenspur. An der Verzweigung bei einem einzelnen Haus lassen wir uns vom Täfelchen »Heidach« den weiteren Kurs zeigen. Ein zuverlässig markierter Pfad mit Stegen schenkt uns schöne Ausblicke zum Dornbirner First. Die spannende Route verläuft teils durch den Hangwald und teils entlang steilster Bergwiesen.

Später geht's auf einem Feldweg leicht bergan und an einer Gabelung Richtung Hittisau. An der Einmündung in einen geteerten Güterweg halten wir uns talwärts und folgen in der Parzelle Bühl einem Ziehweg bergan nach **Bad Hohl (2)**, 780 m. Auf dem Richtung Rotenberg beschilderten Anliegersträßchen zeigen sich im Südosten die markanten Gottesackerwände und der Hohe Ifen. Unter uns gruppieren sich an der Öffnung des Bolgenachtals die ersten Häuser von Hittisau.

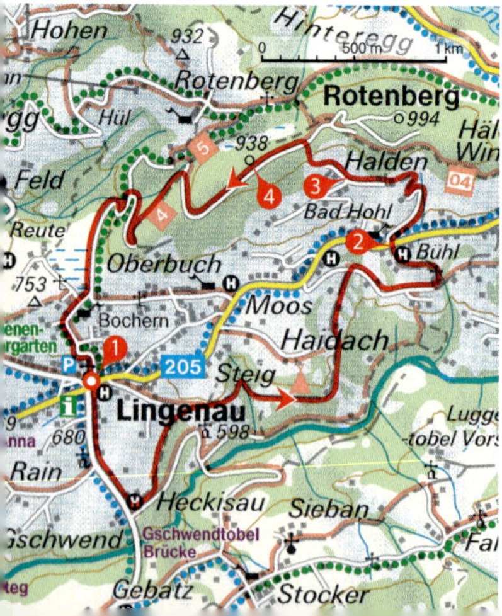

An einem Einzelanwesen weist uns die weiß-gelbe Markierung auf eine bald schwache Pfadspur, die zur bereits sichtbaren Parzelle **Halden (3)**, 850 m, quert mit hübscher Ausschau auf das Lingenauer Becken. Nach unwesentlichem Talkurs lenkt die ge-

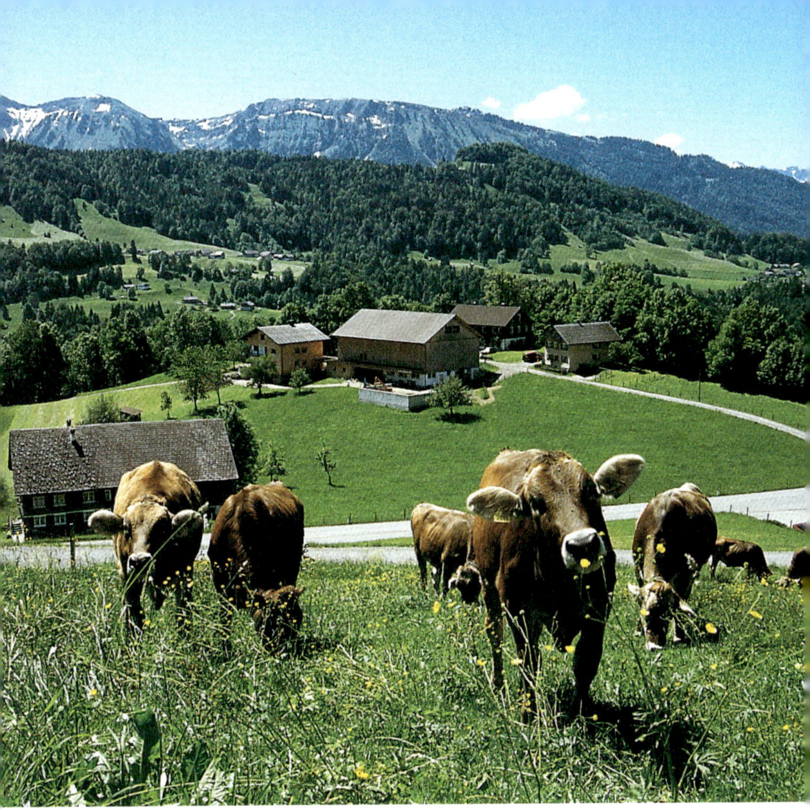

Typisches Landschaftsbild des Vorderwaldes vom Aufstieg zum Rotenberg.

wohnte Bezeichnung auf eine erneut bergwärts führende Wegspur, die im Wald in einen deutlichen Pfad wechselt.

Auf dem **Rotenberg (4)** – der höchste Punkt liegt ein Stück weiter östlich – halten wir uns an der Einmündung in einen Waldweg Richtung Langenegg. Nun setzt eine schattige Höhenbummelei an, bis wir oberhalb eines Tobelbachs auf den Pfad bergab zur Glavenhöhe abzweigen können. Dieser wird gleich wieder von einem Waldweg mit Lehrtafeln abgelöst, der uns in Kehren talwärts nach **Lingenau (1)** bringt.

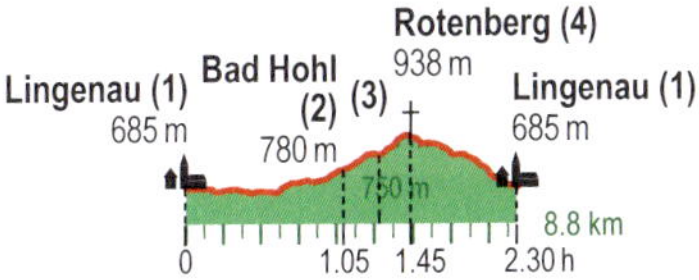

TOP 7

Pension Tannenbaum, 900 m

3.10 Std.

Entdeckungstour durch die Engenlochschlucht

Früher diente die Bolgenach bei Hochwasser zum Holzflößen. Anlass der kühnen Weganlage durch die Engenlochschlucht war die Durchkletterung der etwa 300 m langen Flussenge durch einen naturbegeisterten Sommergast im Jahr 1912. Texttafeln erzählen unterwegs viel Wissenswertes über diese einzigartige Wildwasserwelt.

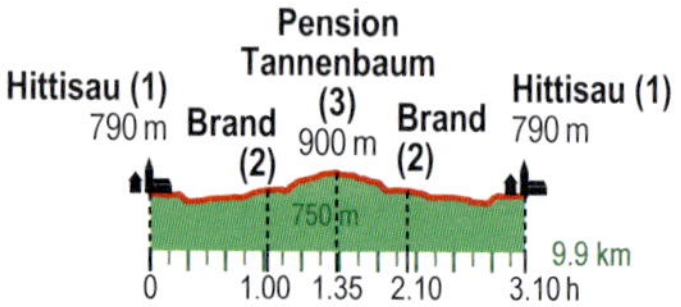

Ausgangspunkt: Hittisau, Bushaltestelle am Gemeindeamt, 790 m; Parkplatz.
Höhenunterschied: 210 m.
Anforderungen: Gut bezeichnete Wanderwege und Pfade mit kleinem weglosem Abschnitt. Kaum Steigungen.
Einkehr: Nur in Hittisau.

Wenn man in **Hittisau (1)** bei der Kirche Richtung Engenlochschlucht geht, stößt man kurz hinter dem Sutterlüty-Geschäft auf den gemütlichen, schattigen Plateaurundweg, einen Wanderweg an der Hangkante, und gelangt auf einer Zickzack-Treppenanlage durch Mischwald bergab zu den Dachsbauten.

Wir kreuzen in der Talsohle der rauschenden Bolgenach im Ortsteil Mühlrain ein Sträßchen und folgen dem Wasserwanderweg über einen Bachsteg und am erfrischenden Flussufer entlang. Nach Querung eines Zuflusses kommen

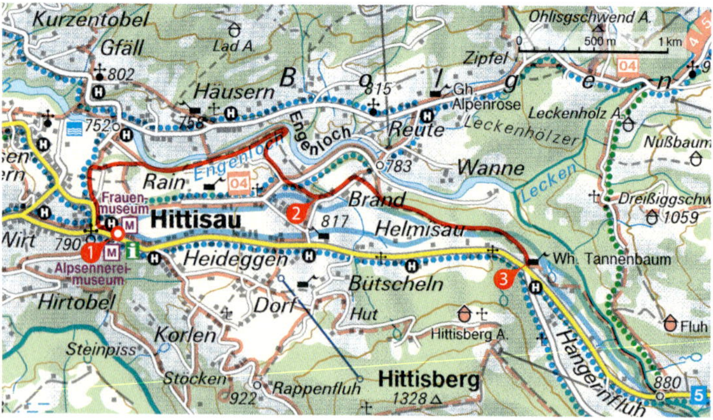

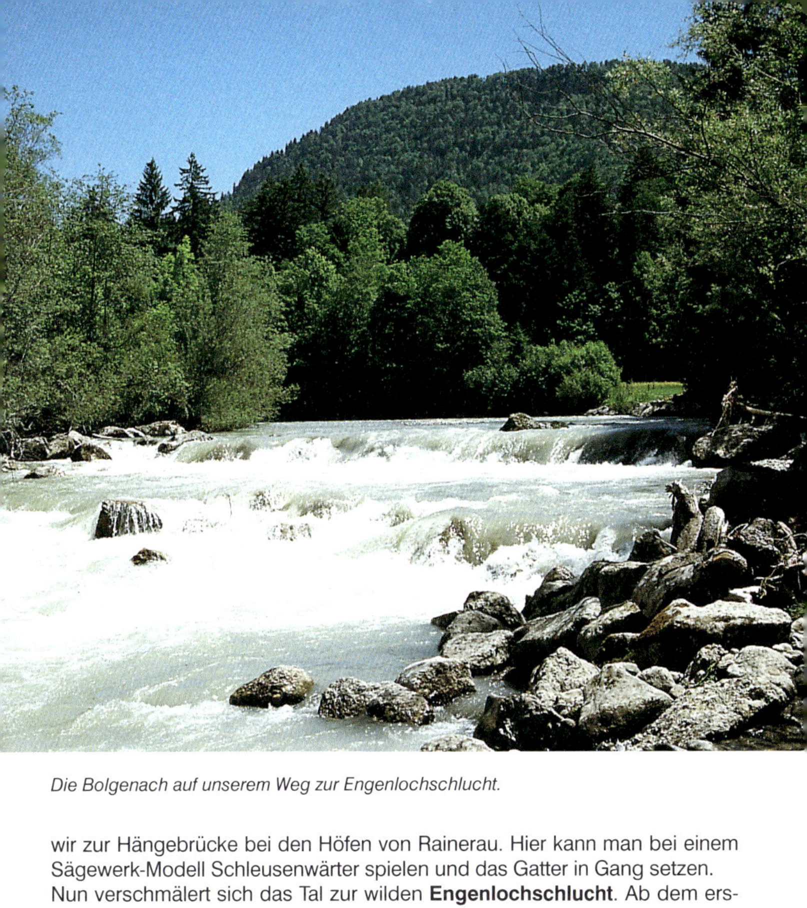

Die Bolgenach auf unserem Weg zur Engenlochschlucht.

wir zur Hängebrücke bei den Höfen von Rainerau. Hier kann man bei einem Sägewerk-Modell Schleusenwärter spielen und das Gatter in Gang setzen. Nun verschmälert sich das Tal zur wilden **Engenlochschlucht**. Ab dem ersten überhängenden Nagelfluhfelsen erleichtern Stege die Begehung des Weges auf anregend abdrängenden Passagen. Wo die tosende Bolgenach mit beeindruckenden Wassermühlen zwischen bis zu sechs Kubikmeter großen Felskloben hindurch schäumt, verstärken sich die Orchester nochmals.
Bei Rain verlässt die Route den Fluss und verläuft Richtung Dornbündt am Hochufer der nacheiszeitlichen Schmelzwasserrinne kurz auf einem Güterweg. In **Brand (2)**, 810 m, hält man sich weglos an einem Zaun entlang und erreicht durch Wald und über ein paar Bachstege auf einem Pfad die **Pension Tannenbaum (3)** in Dornbündt. Zurück nach **Hittisau (1)** wird man den begeisternden Uferweg gerne noch einmal gehen.

8 Rappenfluh, 840 m

1.45 Std.

Kleiner Ausflug zu großem Felsenlabyrinth

Ein verwegener Wanderkurs erschließt in der unverfälschten Ecke hinter Hittisau den Bergsturz Rappenfluh. Groteske Felsszenerien beschäftigen unsere Fantasie: Als hätten zornige Riesen in dieser sonst friedlichen Welt von Alpwiesen und Wäldern gewütet.

Ausgangspunkt: Hittisau, Bushaltestelle am Gemeindeamt, 790 m; Parkplatz.
Höhenunterschied: 170 m.
Anforderungen: Gut bezeichnete, asphaltierte Güterwege und teils drahtseilgesicherte Pfade. Kurze steile Anstiege.
Einkehr: Nur in Hittisau.

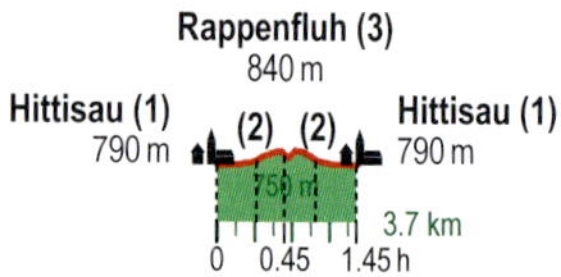

Wir spazieren vom Gemeindeamt in **Hittisau (1)** auf der Straße Richtung Sibratsgfäll, bis am Gasthof Ochsen im Ortsteil Heideggen der Wanderwegweiser »Hittisberg« auf einen geteerten Güterweg zeigt. Im Weiler **Korlen (2)** beachten wir die Beschilderung »Hittisberg über Gferenalpe«. Der Güterweg Stöcken schlängelt sich in wenigen Kehren bergan, zur Linken steht der Allgäuer Nagelfluhkamm.

Ab den oberen Häusern führt ein kurzer Pfad zu dem im Mischwald versteckten Naturdenkmal **Rappenfluh (3)**. Stufen und Stege leiten bergab zum Fuß einer mächtigen Felswand. Unter diesem Wandriegel breitet sich ein Verhau von moosbewachsenen Nagelfluhblöcken aus, auf denen mitunter recht stattliche Bäume wurzeln. Wenig unterhalb, direkt am Weiterweg, findet sich das markierte Geldloch. Die Höhle, in der nach einer Sage einst ein Goldschatz versteckt lag, stürzt über 50 m in die Tiefe. Der Einstieg durch das steile Portal erfordert eine leichte, aber behutsame Kletterei und ist nur mit angemessener Ausrüstung zu verantworten. Ein weiteres Vordringen sollte man versierten Höhlenforschern überlassen.

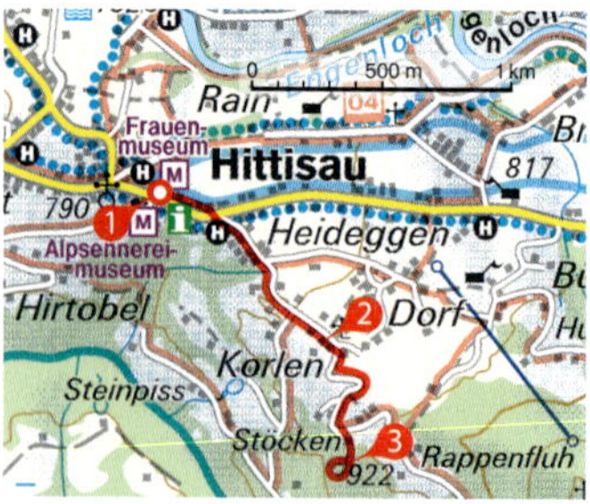

Der Pfad führt nun zum Zugloch. Es ist anzunehmen, dass der enge Felsspalt eine Verbindung zur Höhle hat. Bevor man sich vom Schild »Rundweg Rappenfluh« links den Kurs weisen lässt, lohnt es sich, die jäh abstürzende Rappenfluh selbst zu besteigen. Der teilweise etwas

felsdurchwachsene und feuchte Beginn des Rundgangs erfordert Achtsamkeit. Die Route leitet unter gnomenhaften Steingestalten kurz bergab. Durch die Kluft der sogenannten Zwillinge, eines gespaltenen Felsenpaares, zwischen dem sich ein auffallender Block verkeilt, erreichen wir den Fuß der imponierenden Rappenfluh.
Zurück geht es in gebückter Haltung bergan durch eine drahtseilgesicherte und mit Steinstufen begehbar gemachte, enge Klamm. Noch einmal lenkt ein verkeilter Felskloben den Blick auf sich, bevor sich nach einem Gewölbe unsere Erlebnisrunde schließt. Zurück nach **Hittisau (1)** geht es auf dem Hinweg.

Bewahrtes Wälderhaus in Hittisau.

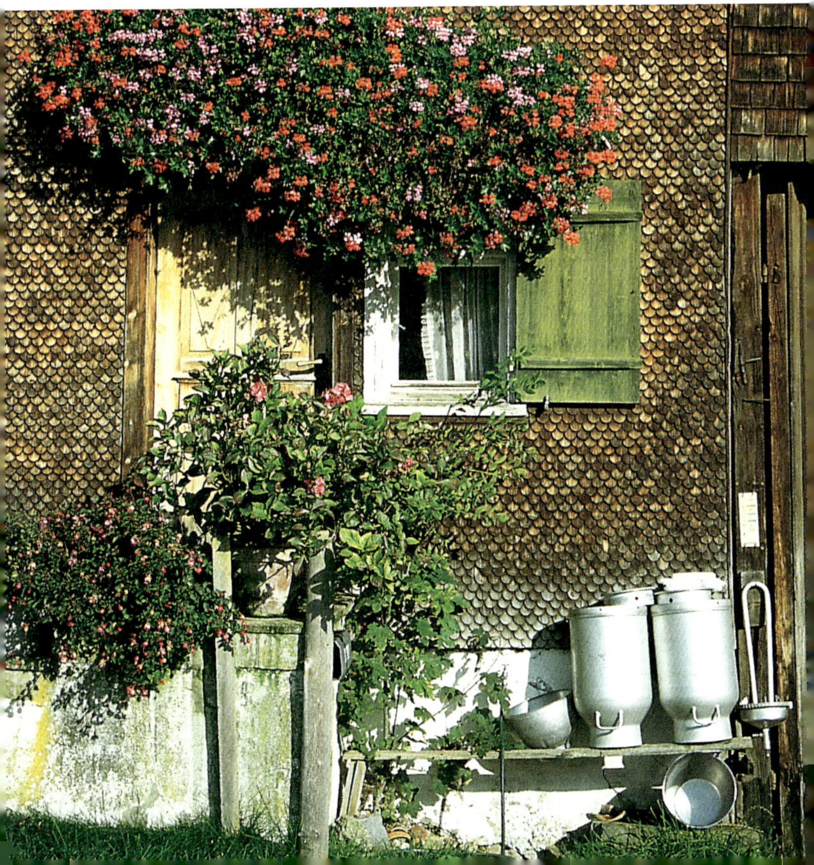

9 Hittisberg, 1328 m

3.50 Std.

Kurzweiliger Wadenschinder mit bezaubernden Ausblicken

Wer sich diesen wegen seiner bescheidenen Gipfelhöhe scheinbar höchstens für einen Morgenspaziergang geeigneten Dorfberg am äußersten Rand der Allgäuer Alpen als Auftakt für die Bergsaison ausgewählt hat, dessen Kreislauf wird während des himmelstrebenden Schweißvergießens möglicherweise wahre Kapriolen schlagen.

Ausgangspunkt: Hittisau, Bushaltestelle am Gemeindeamt, 790 m; Parkplatz.
Höhenunterschied: 630 m.
Anforderungen: Gut bezeichnete, teils geteerte Güterwege und Steige, kurze Abschnitte auf Pfadspuren. Längerer sehr steiler Aufstieg. Nicht bei Nässe.
Einkehr: Nur in Hittisau.

Wir spazieren vom Gemeindeamt in **Hittisau (1)** auf der Straße Richtung Sibratsgfäll, bis am Gasthof Ochsen im Ortsteil Heideggen der Wanderwegweiser »Hittisberg« auf einen geteerten Güterweg zeigt. Im Weiler Korlen beachten wir die Beschilderung »Hittisberg über Gferenalpe«. Vom Ortsende geht's über Wiesenhänge hinauf zu den Häusern von **Stöcken (2)**, 920 m.

Scheinheilig gaukelt der Schopf des Hittisberges einen leichten Anstieg vor.

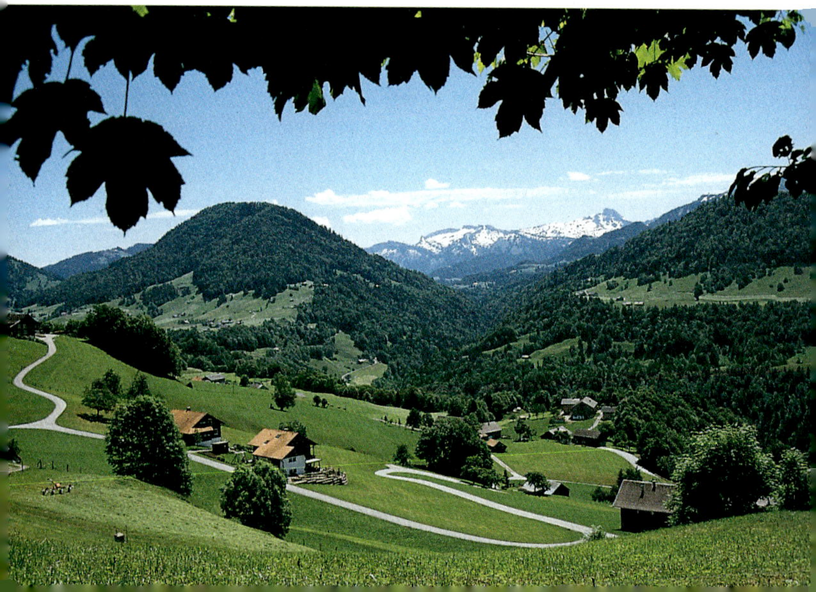

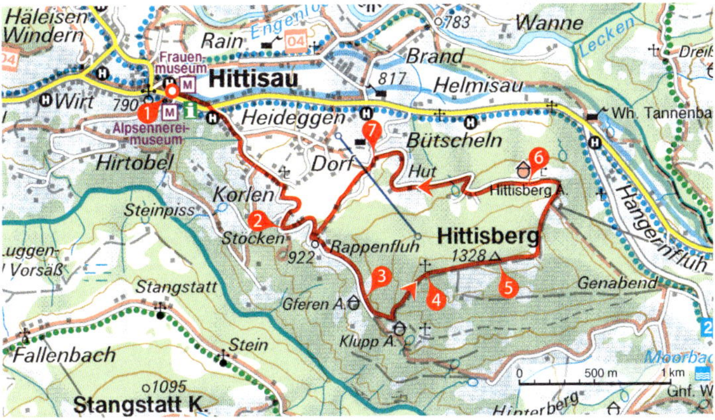

Ein flacher Alpweg führt uns durch Bergwald. An der Verzweigung nach der **Gferenalpe (3)**, 960 m, halten wir uns an die ansteigende Route und folgen kurz darauf dem knackig steilen, aber schattigen Zickzacksteig Richtung Hittisberg. An einer Privathütte weitet sich der Blick zum Ifen und zu den Gottesackerwänden. Während des weiterhin überaus anstrengenden Höhersteigens beschäftigen uns bezaubernde Ausblicke bis in die Schweizer Gipfelwelt.

Vom Kreuz auf dem sogenannten **Westgipfel (4)**, einem Kammvorsprung mit Bodenseesicht, weist die Beschilderung »Hittisberg-Ost« den Weiterweg. Jetzt geht's nur noch sanft bergan und später über den beiderseits anregend abfallenden Kamm mit freier Sicht nach Süden flach hinüber zum **Hittisberg (5)**. Bei einer Alphütte gibt der Wegweiser »Hittisbergalpe« die Abstiegsrichtung an.

Über den steilen und überwiegend bewaldeten Nordhang leitet ein Steig zur Hittisbergalpe. Dort achten wir auf den Wegweiser »Hittisau«, queren kurz weglos einen Weidefleck und erreichen – wieder auf einem Steig – nach einem Waldstück die **Untere Hittisbergalpe (6)**, 1040 m. Ein Alpweg bringt uns hinaus nach **Bütscheln (7)**, 870 m. Dort lassen wir uns von einem leicht steigenden Fahrweg an einem Einzelanwesen vorbei und von einer Wiesenspur nach **Stöcken (2)** leiten, wo wir in den bekannten Rückweg nach **Hittisau (1)** einschwenken.

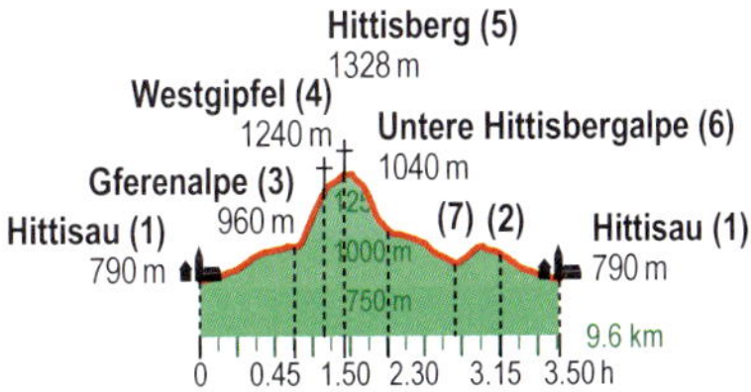

10 Durchs Balderschwanger Tal

3.15 Std.

Erholungsspaziergang ins Allgäu

Die Feuchtwiesen unter dem Renkknie und dem Burstkopf im Mittelteil des schmucken Balderschwanger Tals zeichnen sich durch eine ungewöhnlich bunte Flora aus. Silberne Wollgraszottel wiegen sich beim leisesten Luftzug, und die fein gezeichneten Knabenkräuter locken botanisch interessierte Wanderer immer wieder zu kleinen Bewunderungspausen.

Ausgangspunkt: Hittisau, Bushaltestelle Pension Sonne, an der Straße nach Balderschwang, 970 m; Parkplatz an der nahen Kapelle.
Höhenunterschied: 260 m.

Anforderungen: Meist gut beschilderte Güter- und Ziehwege, kurz auf Wegspuren, anfangs Straße. Kleine Steigungen.
Einkehr: In der Höflealp und in Balderschwang.

Von der **Pension Sonne (1)** geht es ein kurzes Stück auf öffentlicher Straße über eine Kuppe, vorbei an einer Kapelle. In der Parzelle **Gerisgschwend** begeben wir uns auf den Güterweg Biberstein und genießen mit etwas Höhenverlust die Schlenderei über die selten schönen Wollgraswiesen des Balderschwanger Tals. An der Bolgenachbrücke verführt uns ein Rastplätzchen zu einer Tourenunterbrechung. Nach kurzem Anstieg zur Bibersteinalpe können wir den köstlichen Entspannungskurs für Naturgenießer fortsetzen. Ab der **Bibersteinhütte (2)**, 1002 m, öffnet sich auf einem ansteigenden Ziehweg zunehmend der Einblick in die Balderschwanger Berge. An einer Waldgabelung geradeaus haltend geht's durch eine Bachfurt. Danach gelangen wir auf einer kurzzeitig undeutlichen Fahrspur über eine Viehweide zur vorarlbergischen **Lappachalpe (3)**, 1040 m.

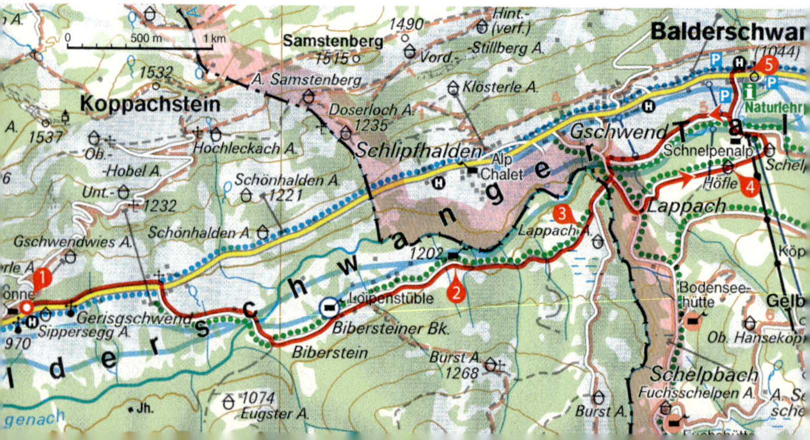

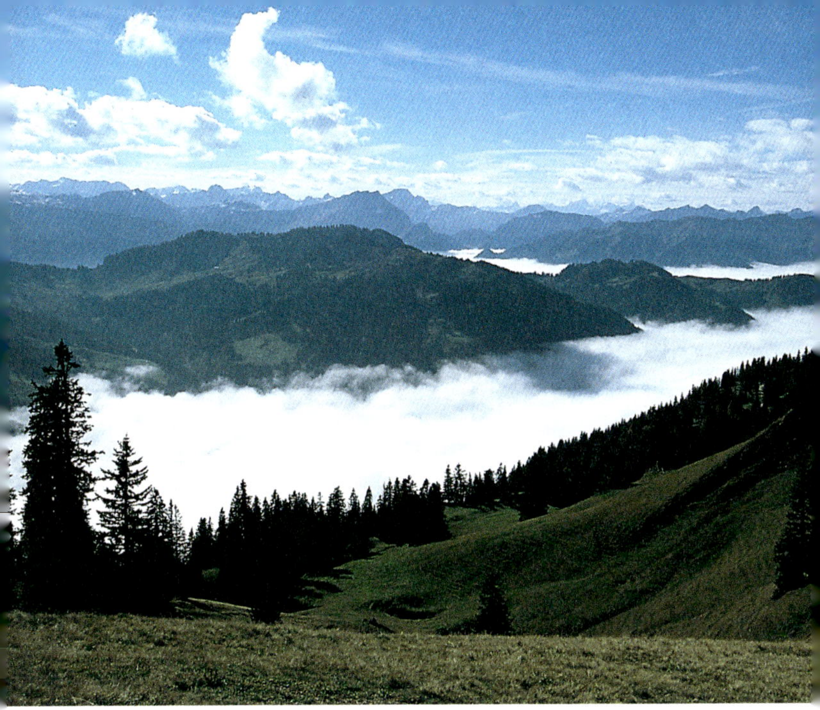

Durchs romantische Balderschwanger Tal gelangt man ins Allgäu.

Anschließend spazieren wir wieder auf einem Alpweg bergab über die Landesgrenze ins Allgäu. Hinter der Lappenbachbrücke leitet Richtung Fuchshütte ein gemütlich ansteigendes Sträßchen auf den Gelbhansekopf zu. An der bayerischen Lappachalp biegen wir auf einen flachen Ziehweg ab und queren einen Bach sowie das Weidegebiet zur **Höflealp (4)**. Nach der Schelpenalp geht man schließlich bei einem Badeteich auf einem Sträßchen über die Bolgenachbrücke und hinauf nach **Balderschwang (5)**, 1044 m. Für die Rückkehr entscheiden wir uns beim Badeteich für den das Ufer begleitenden Fahrweg. Nach einer Straßenbrücke nehmen wir am Grenzübergang wieder den bekannten Kurs zur **Pension Sonne (1)** auf.

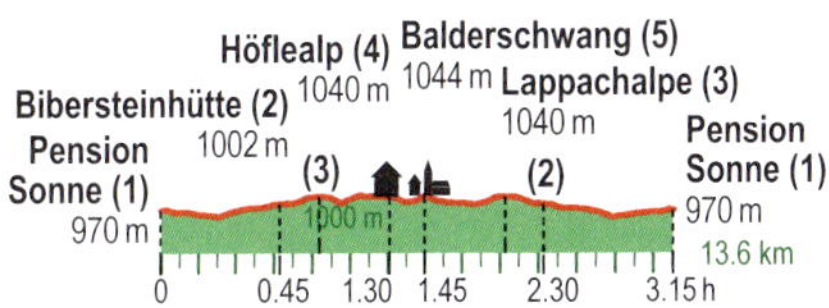

11 Renkknie, 1411 m

3.15 Std.

Verschwiegenes Bergziel für jedermann

Die weichen Formen des Allgäuer Dornröschengipfels Renkknie, der zwischen Balderschwanger Tal und Hirschgundtal schlummert, laden den Bergwanderer zu einer aussichtsreichen Vergnügungsrunde.

Ausgangspunkt: Sibratsgfäll, Bushaltestelle beim Gasthof Hirschen, 929 m; Parkplatz am Ortsende.
Höhenunterschied: 550 m.
Anforderungen: Ausreichend beschilderte Güter- und Ziehwege sowie Pfade und Pfadspuren, kurzer Gipfelaufstieg weglos. Leichte und mäßig steile Anstiege.
Einkehr: In Silbratsgfäll, Cafe Mooswinkel und Hocheggalpe.

Am Gasthof Hirschen in **Sibratsgfäll (1)** folgt man ganz kurz dem ansteigenden Gehsteig Richtung Hittisau und zweigt am Gasthof Nussbaumer zum Katharinenhof ab. Der Feldweg zum Ortsteil Mähmoos wechselt später in eine Wiesenspur. Zur Rechten erhebt sich der bewaldete Renkknie-Höhenzug, jenseits der Subersach die Winterstaude. Der Wegweiser »Sausteig« dirigiert auf die alte Straße nach Hittisau, die im weiteren Verlauf bestenfalls als Güterweg zu bezeichnen ist. Über Wiesen und an einer Kapelle vorbei geht's zum **Cafe Mooswinkel (2)**, 1030 m.
Nach einer Erfrischung wandern wir ein kleines Stück die Straße bergab Richtung Sibratsgfäll und achten auf den Wanderwegweiser »Renkknie«. Ein Ziehweg leitet überwiegend bequem über einen meist bewaldeten Höhenzug. Zwischendurch schaut man von den bescheidenen Weideflächen zurück nach Sibratsgfäll, zum Hohen Ifen und den eigenwilligen Gottesackerwänden sowie zum Diedamskopf.

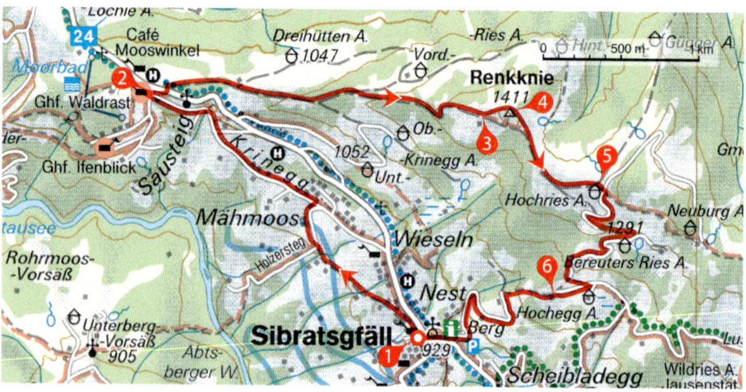

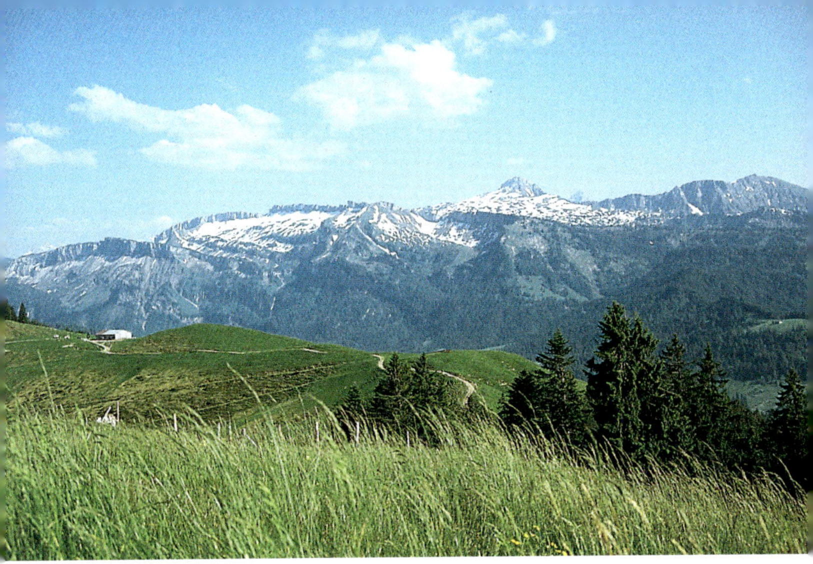

Ausschau vom Renkknie ins Ifengebiet.

Wir folgen stets der rot-weiß bezeichneten, später mit »Hochries« beschilderten Route. Wo sich der Blick ins Balderschwanger Tal öffnet, legt der Weg etwas an Steilheit zu und verschlechtert sich zusehends. Auf der entspannenden Höhenbummelei durch ein längeres Weidegebiet zur kleinen **Renkkniehütte (3)**, 1350 m, mit einer schattigen Rastbank finden wir lediglich eine undeutliche Fahrspur vor.
Jetzt sind es nur noch ein paar Minuten in Gesellschaft des Jungviehs weglos bergauf zur Bergkuppe namens **Renkknie (4)** mit Gipfelkreuz. Über der Hochriesalpe erkennt man die Allgäuer Majestäten Trettachspitze und Mädelegabel. Der kantige Widderstein spitzelt über den Ifengrat, und der wuchtige Zitterklapfen rechts des Diedamskopfs versteckt sich auch nicht länger. Bald nach einem Weidedurchgang bringt uns wieder ein Ziehweg hinüber zur **Hochriesalpe (5)**, 1380 m. Das Schild »Sibratsgfäll« weist auf einen Güterweg, der in Kehren an Bereuters Riesalpe, 1291 m, vorbei zur **Hocheggalpe (6)**, 1180 m, führt. Wir nehmen die Pfadspur über Weiden nach Berg und treffen auf einem Güterweg wieder in **Sibratsgfäll (1)** ein.

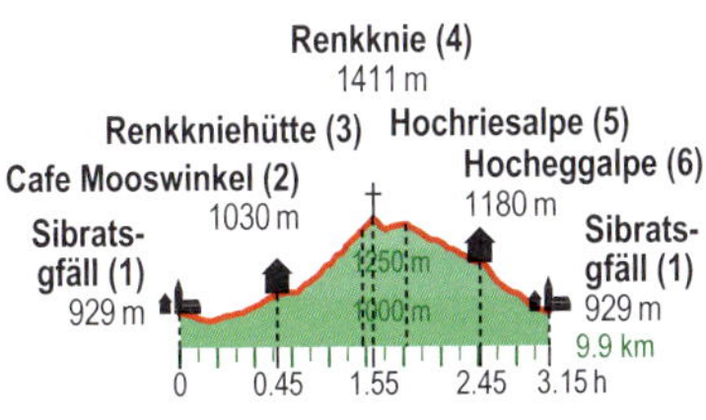

12 Rehenberg-Vorsäß, 1040 m

3.15 Std.

Alprunde beiderseits des Subersachtals

Die von der jungen Subersach zweigeteilten, weltabgeschiedenen Alpgebiete zwischen Sibratsgfäll und Schönenbach verkörpern mit ihren bequemen Wegen eine ideale Wanderecke, in der man ohne Leistungsstress Ruhe und Erholung tanken kann.

Ausgangspunkt: Sibratsgfäll, Bushaltestelle beim Gasthof Hirschen; 929 m; Parkplatz am Ortsende.
Höhenunterschied: 480 m.
Anforderungen: Gut beschilderte Güterwege und Pfade, kleine Abschnitte auch auf Pfadspuren und einem verkehrsfreien Sträßchen. Leichte Steigungen. Bei Nässe unangenehm.
Einkehr: Silbratsgfäll, Kiosk Jausenecke.

Vom Gasthof Hirschen in **Sibratsgfäll (1)** führt ein Sträßchen an der Kirche bergab, von dem gleich wieder Richtung Hoher Ifen ein Bachuferpfad abzweigt zum Weiler **Krähenberg (2)**, 840 m, in der Talkerbe der Rubach. Auf einem anfangs asphaltierten Güterweg geht's anschließend hinauf zum **Kiosk Jausenecke (3)** mit Kapelle, 937 m. Nun orientiert man sich stets am Wegweiser »Schönenbach«. Wo sich der Hauptweg teilt, wählt man die rechte Abzweigung Richtung Wasserfall.
Hinter der Nußbaumers **Krähenbergalpe (4)**, 940 m, folgt links ein kurzer Pfadabschnitt, bevor uns ein Ziehweg über die Büttenbrücke trägt. Die Subersach stürzt hier über einen Wasserfall in ein beachtliches Strudelloch einer tiefen Felskluft. Wenig später ist die **Hintere Leugehralpe (5)**, 940 m, mit geschindelter Miniaturkapelle erreicht. Wir wandern rechts auf einem

Am Rubachufer im Weiler Krähenberg.

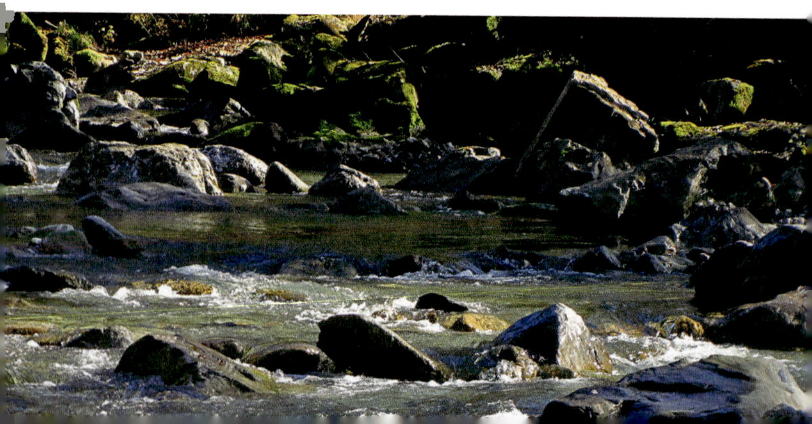

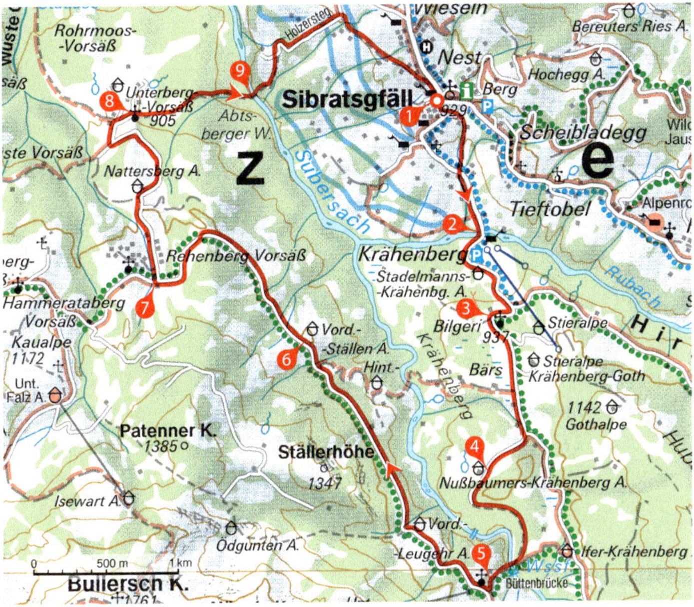

Güterweg an der Vorderen Leugehralpe vorbei und nach sanftem Anstieg unter der bewaldeten Ställerhöhe übers Weidegebiet der **Vorderen Ställenalpe (6)**, 1010 m, zum **Rehenberg-Vorsäß (7)** am Fuße des Winterstaudenmassivs. Auch dieses verträumte Alpdörfchen schmückt eine kleine Schindel-Kapelle. Hübsche Ausblicke ergeben sich vom Hittisberg bis zum Feuerstätterkopf.

Der Richtungszeiger »Holzersteg« lenkt uns talwärts zum benachbarten **Unterberg-Vorsäß (8)**, 905 m. Ab der dortigen Kapelle geht's auf einem Pfad durch schönen Auwald, wo wir auf dem **Holzersteg** (**9**, Drahtsteg, 790 m), die Subersach überqueren. Ein Feldweg leitet nun an der privaten Mähmoos-Ranch bergauf. Am Beginn des Ortsteils Mähmoos schlendert man erst auf einer Wiesenspur, zuletzt auf einem Feldweg nach **Sibratsgfäll (1)**.

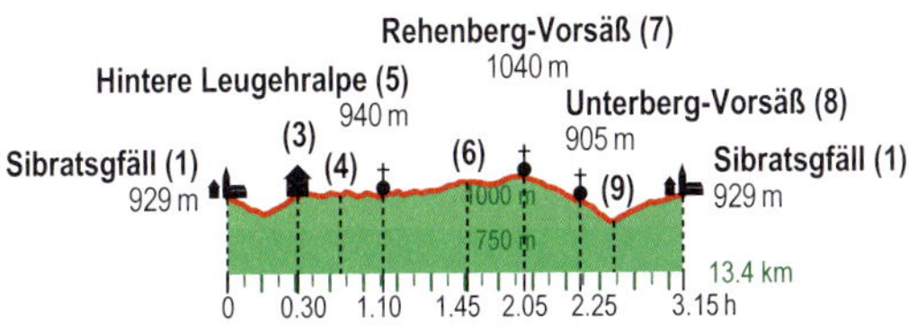

13 Schneckenlochhöhle, 1280 m

5.00 Std.

Größte Karsthöhle Vorarlbergs

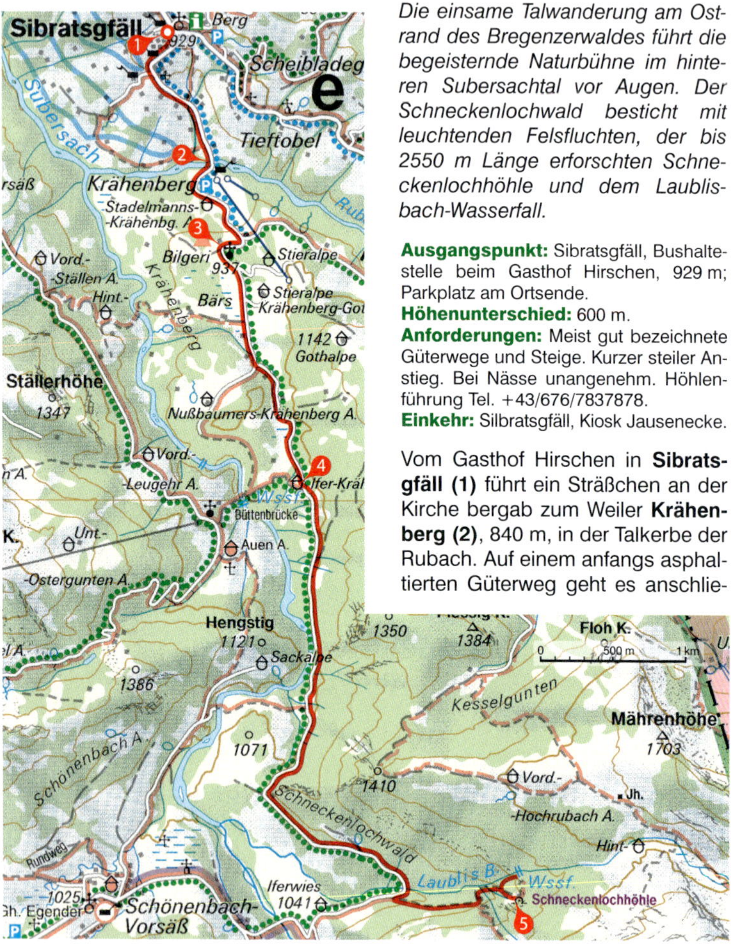

Die einsame Talwanderung am Ostrand des Bregenzerwaldes führt die begeisternde Naturbühne im hinteren Subersachtal vor Augen. Der Schneckenlochwald besticht mit leuchtenden Felsfluchten, der bis 2550 m Länge erforschten Schneckenlochhöhle und dem Laublisbach-Wasserfall.

Ausgangspunkt: Sibratsgfäll, Bushaltestelle beim Gasthof Hirschen, 929 m; Parkplatz am Ortsende.
Höhenunterschied: 600 m.
Anforderungen: Meist gut bezeichnete Güterwege und Steige. Kurzer steiler Anstieg. Bei Nässe unangenehm. Höhlenführung Tel. +43/676/7837878.
Einkehr: Silbratsgfäll, Kiosk Jausenecke.

Vom Gasthof Hirschen in **Sibratsgfäll (1)** führt ein Sträßchen an der Kirche bergab zum Weiler **Krähenberg (2)**, 840 m, in der Talkerbe der Rubach. Auf einem anfangs asphaltierten Güterweg geht es anschließend hinauf zum **Kiosk Jausenecke (3)** mit Kapelle, 937 m. Nun orientiert man sich am Wegweiser »Schönenbach«. Wo sich der meist flache Hauptweg teilt, wählt man den linken Abzweiger durch den Wald zur **Iferalpe (4)**, 970 m. Entlang der östlichen Talseite der Subersach erfreuen uns duftende Kräuterwiesen.

Über dem Hochufer bleiben wir der Hauptroute treu. Der Fahrweg steigt nun zu einer Anhöhe im Schneckenlochwald. Über eine Schleife wird der Laublisbach gequert, dann folgen wir durch Strauchwerk dem Alpsteig am Fuß des Sevischrofens. Vor der ersten Kehre halten wir uns links an den mit kurzem Gefälle abzweigenden Waldsteig. Unterhalb beeindruckender Wandriegel geht es hinauf zur **Schneckenlochhöhle (5)**. Man überquert dabei mit Hilfe eines Drahtseils eine Klamm. Das riesige Portal findet man direkt unter den hellen Wänden um die Felsenecke. Durchs weit geöffnete Eingangsmaul in die 10 m hohe und über 100 m lange Vorhalle muss erst eine Blockhalde überwunden werden, die volle Aufmerksamkeit erfordert und allmählich bergab in die dunkle, ungewisse Unterwelt leitet. Von einer weiteren Höhlenbefahrung ohne fachmännische Leitung wird abgeraten. Nach Anmeldung (s. o.) bietet das Aktivzentrum eine Führung.

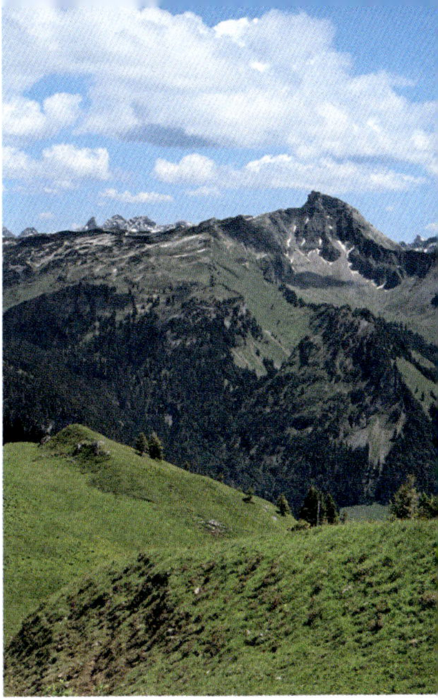

Schneckenlochwald mit Hohem Ifen.

Während des Talstiegs, der auf derselben Route wie der Hinweg erfolgt, entdeckt man zwangsläufig den kleinen Abstecher auf schwach ausgetretenem Steig, steil bergab zum rauschenden Laublisbach. Oberhalb des ausgewaschenen Felsenbettes mit Abtreppungen und Wannen beeindruckt der über einen Wandriegel gischtende Laublisbach-Wasserfall, 1200 m.

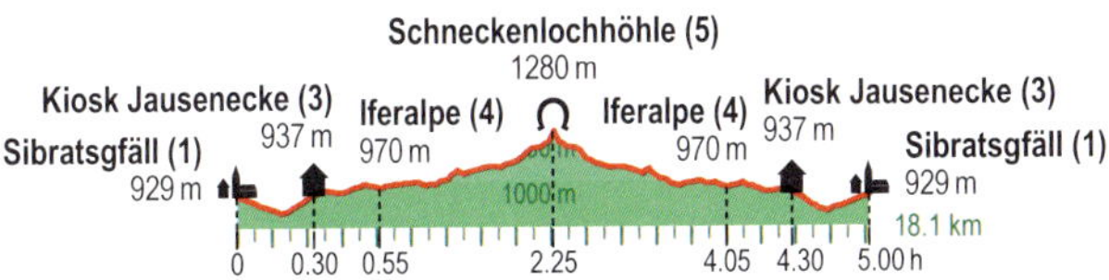

14 Brüggelekopf, 1182 m

3.20 Std.

Beliebte Aussichtswarte auf dem Weitwanderweg 04

Geschäftstüchtige Köpfe hatten diesen auffallenden Waldschopf in der vorderen Reihe des Bregenzerwaldgebirges durch eine Bergbahn für die Allgemeinheit zugänglich gemacht. Seit dem Einstellen des Betriebs 2018 muss sich jeder die Gipfelbrotzeit ehrlich verdienen, wird aber an dem steilen Aufstieg durchaus seine Freude haben.

Ausgangspunkt: Alberschwende, Bushaltestelle am Kirchplatz, 722 m; Parkplatz.
Höhenunterschied: 480 m.
Anforderungen: Gut bezeichnete Pfade, Wander- und Alpwege. Überwiegend steiler Aufstieg.
Einkehr: In Alberschwende, Alpengasthof Brüggele und in Kaltenbrunnen.

Vom Kirchplatz in **Alberschwende (1)** mit der 800-jährigen Linde folgen wir ein kurzes Stück der Bregenzerwaldstraße Richtung Müselbach, bis bei einem Kirchlein die Beschilderung »Brüggelekopf« auf das Sträßchen zum Ortsteil Bühel weist. Dort zweigt bei einem Marienhäuschen die rot-weiß markierte Route Richtung Brüggelekopf ab. Wenig später leitet ein Anlieger-

Über Alberschwende ragt der Brüggelekopf auf.

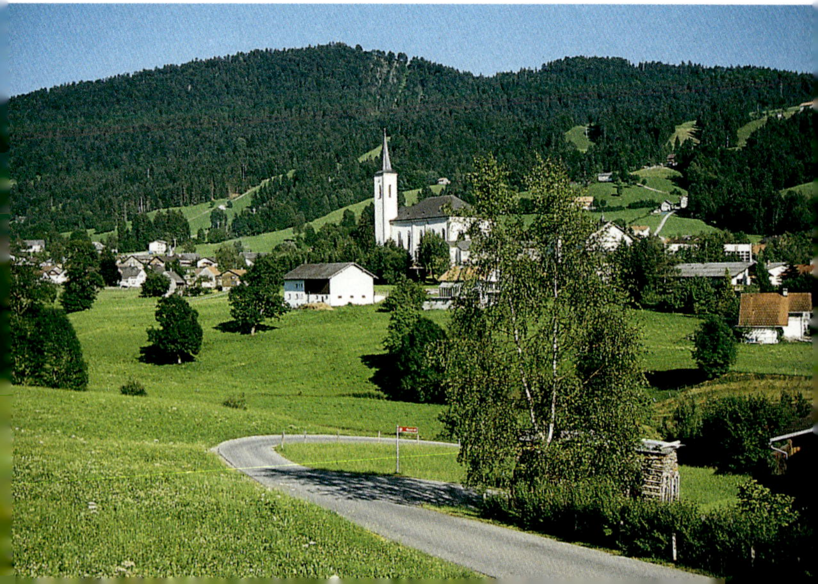

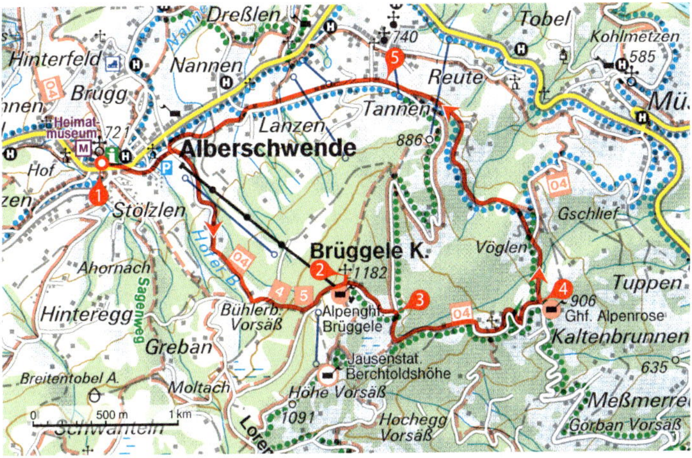

sträßchen bergan über Wiesen. Vor dem oberen zweier Häuser finden wir rechts eine Grasspur. Die gewohnte Farbmarkierung zeigt, dass wir auf dem richtigen Weg sind. Die schweißtreibende Aktion über den steilen, sonnigen Hang empor eröffnet herrliche Tiefblicke auf das hübsche Dorf.

Nach einer Hütte mühen wir uns den wurzeligen Pfad bergan zum Alpengasthof Brüggele, direkt unterm Gipfel, und erreichen links mit einem kurzen Abstecher den **Brüggelekopf (2)**, 1182 m. Prächtige Ausblicke ergeben sich auf den Bodensee und zu den Appenzeller Bergen. Bregenzerwaldberge und Allgäuer Alpen reihen sich an.

Am Alpengasthof Brüggele weist das Schild »Kaltenbrunnen« auf einen geteerten Alpweg und beim **Brüggele-Vorsäß (3)**, 1120 m (auch Alpe Unterbrüggele), auf einen Feldweg. Wir überschreiten ein Bächlein und spazieren erst auf einem Waldpfad und später wieder auf einem Güterweg bergab zur Feriensiedlung mit Gasthaus Alpenrose in **Kaltenbrunnen (4)**, 900 m.

Der Wanderweg Richtung Alberschwende mündet bald in einen Alpweg. Beim Teerbeginn in der Parzelle Vöglen achte man auf die linke Abzweigung. Über Lichtungen nördlich um den Brüggelekopf herum und an den Häusern von **Tannen (5)**, 800 m, und Lanzen vorbei geht es, zuletzt auf einem Pfad, zurück nach **Alberschwende (1)**.

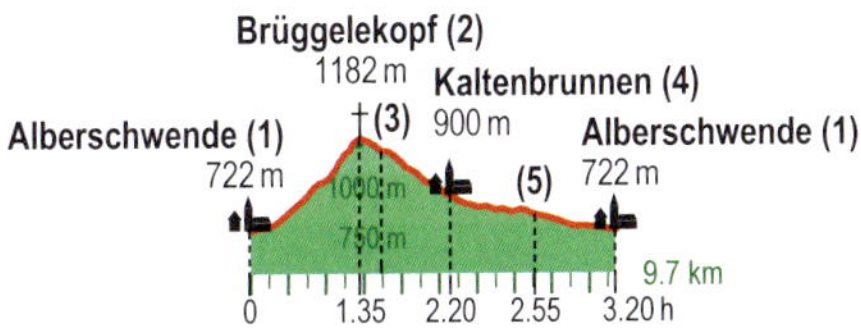

15 Schleichwege nach Ebenwald

2.00 Std.

Durch den Tobel des Schmittenbachs

Der Schmittenbach zerschneidet nicht nur das alpenreiche Hügelland nördlich des Winterstaudenmassivs, sondern er teilt auch die Egger Ortsteile in zwei Lager. Auf dem vorgestellten Rundkurs vom wirtschaftlichen Mittelpunkt des Bregenzerwaldes wird gleich zweimal der Tobel dieses kurvigen Wildbachs durchquert, wobei den etwas verzwickten ersten zwei Tourenteilen ein recht erholsamer Ausklang folgt.

Ausgangspunkt: Egg, Busbahnhof in der Ortsmitte, 561 m; Parkplatz bei der Kirche.
Höhenunterschied: 170 m.
Anforderungen: Teilweise bezeichnete Pfade, Güterwege und verkehrsfreie Sträßchen, im Ortsbereich Gehsteige. Kurze Anstiege. Etwas Orientierungssinn erforderlich.
Einkehr: In Egg, Großdorf und in Rain.

Die Beschilderung »Schetteregg« weist beim Busbahnhof in **Egg (1)** auf den zur Parzelle Hub ansteigenden Gehsteig. An der Bushaltestelle zweigen wir auf das linke Sträßchen ab und finden gleich in der ersten Kurve rechts zwischen einem Doppelzaun eine Gehmöglichkeit zu einem Fahrweg, dem wir zum Fuß einer Mischwaldanhöhe folgen. Der Richtungszeiger lenkt uns auf den nach Großdorf führenden Riesenweg.

In angenehmer Steigung überlistet der angelegte Zickzackpfad den grimmigen Buchensteilhang. Nach einer kurzen Pfadspur am Waldrand achten wir auf den Beginn eines Feldwegs, der auf die Allgäuer Nagelfluhkette zuhält. In

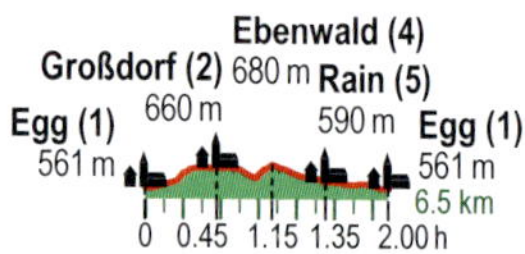

Großdorf (2), 660 m, genauer gesagt im Ortsteil Außerdorf, halten wir uns rechts und spazieren am Holzschnitzer vorbei.

Am »Gasthaus 3 König« dem Sträßchen über die Bachbrücke folgend lässt man sich vom Wanderwegweiser »Egg über Rainertobel« den weiteren Kurs zeigen. Von der Parzelle Hinteregg geht's Richtung Ebenwald weiter auf einer befestigten Fahrbahn zu dem ehemaligen Gasthof Oberbad. Daraufhin leitet ein Pfad über einen Weidehang bergab in den Tobel des **Schmittenbachs (3)**, 610 m. Ein

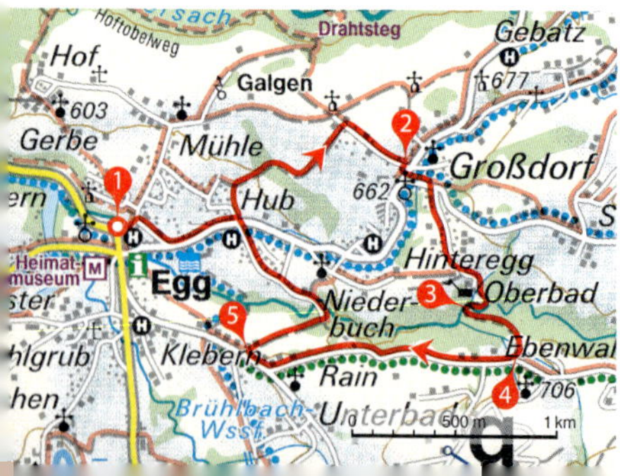

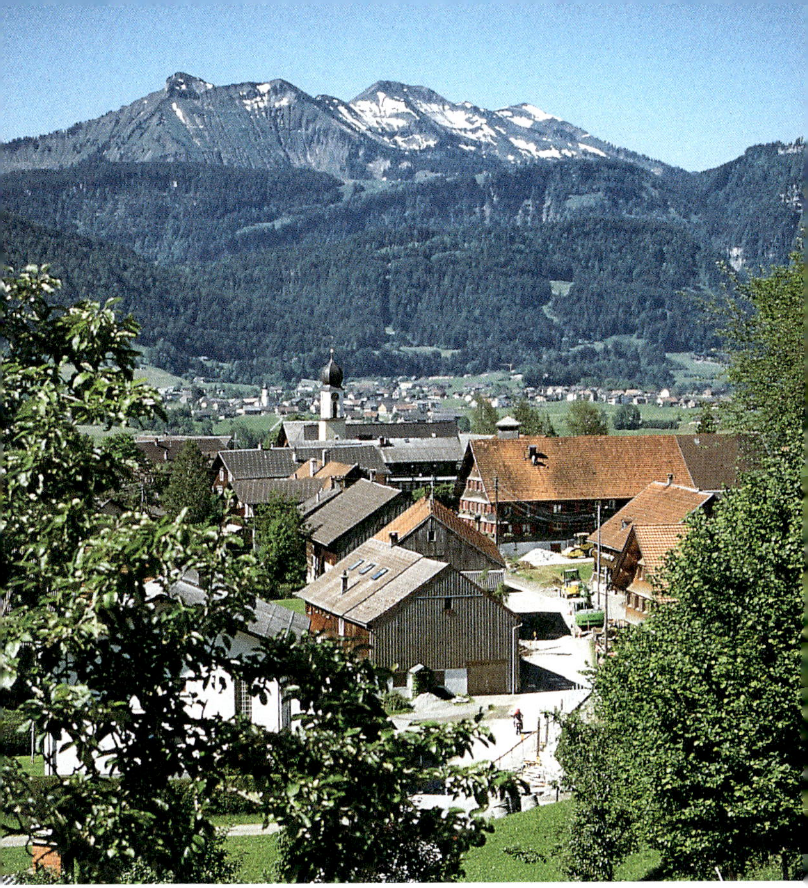

Großdorf mit dem First.

Steg trägt uns über den rauschenden Bach. Jenseits überwindet ein Waldpfad den südlichen Uferhang. Nach Überschreiten eines Zuflusses bummeln wir über Wiesen auf einem stillen Sträßchen bergab an den Häusern von **Ebenwald (4)**, 680 m, vorbei.
Bald baut sich der First vor uns auf, rechts zeigt sich der Hochälpelekopf. Von der Parzelle **Rain (5)**, 590 m, wählen wir den Fahrweg durch den Rainer Tobel, wo noch einmal der Schmittenbach zu queren ist, bevor wir auf einer schmalen Straße zurück nach **Egg (1)** schlendern.

TOP **16**

Winterstaude, 1877 m, mit Nachbarn

6.30 Std.

Blickfang des Mittleren Bregenzerwaldes

Eine der klassischen Bregenzerwaldtouren führt zwischen dem hügeligen Vorderwald und dem alpinen Hinterwald über die Winterstaude und fünf Nachbargipfel.

Ausgangspunkt: Schetteregg bei Egg, 1075 m; Parkplatz. Wanderbus von Egg-Großdorf.
Höhenunterschied: 1000 m.
Anforderungen: Gut bezeichnete, im Abstieg grob steinige Steige und Ziehwege, Güterwege, kurze Pfadspuren. Überwiegend steile Auf- und Abstiege. Ausgesetzte und drahtseilgesicherte Passagen erfordern Trittsicherheit. Nicht bei Nässe.
Einkehr: Schetteregg, Brongenalpe, Schettereggalpe, Untere Falzalpe.

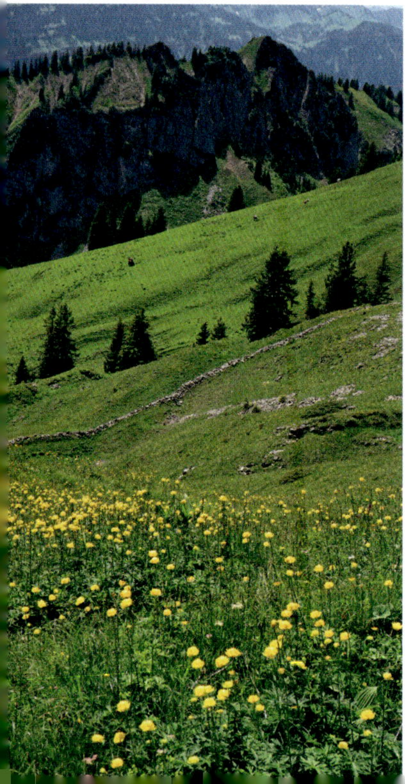

In **Schetteregg (1)** (auch »Amagmach«) führt ein Sträßchen an der Winter-Sesselbahn vorbei zur riesigen Feriensiedlung und ein Güterweg über Wiesen bergan zur **Brongenalpe (2)**, 1190 m. Auf gemütlichem Ziehweg streben wir in einer Schleife der **Schettereggalpe (3)**, 1245 m, zu und folgen dort dem mit »Tristenkopf« beschilderten Viehtrieb. Pfadspuren passieren eine Markierungsstange zum Rücken nahe der Bergstation. Der Steig an einer Fichtenreihe empor ist schweißtreibend. Felshöcker zwingen zum Queren lawinengeschundener Strauchhänge. Mitunter abschüssig umrunden wir einen Bergrücken und erklimmen über der **Tristenalpe (4)**, 1570 m, wieder anstrengende Grashänge. Gegenüber ragt die Niedere auf, hinter deren Kammhöhe bald die Damülser Mittagspitze herüberschaut. Schafe leisten uns Gesellschaft bis

Ausblicke zu abweisenden Gratzacken gehören zur Überschreitung des Winterstaudenkamms.

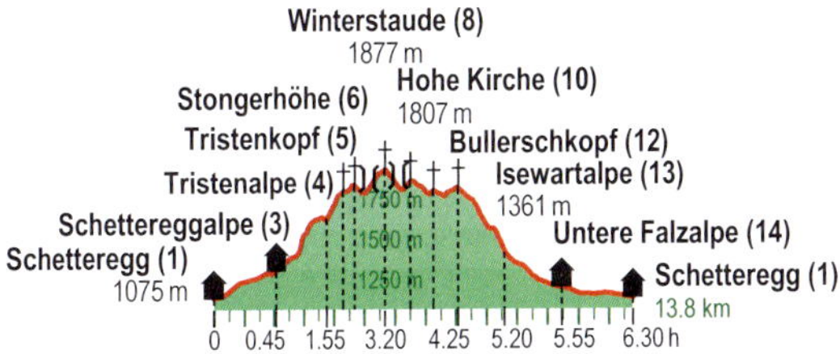

auf den **Tristenkopf (5)**, 1741 m, mit Blick zum Freschen und in die Schweizer Berge. Pfadspuren leiten in eine Mulde, bevor ein steiler Steig zur **Stongerhöhe (6)**, 1778 m, führt. Nach einem Holzkreuz beginnt der ausgesetzte, Trittsicherheit erfordernde Hasenstricksteig auf einem teils mit Drahtseilen entschärften Schrofenkamm. Ab dem **Hasenstricksattel (7)**, 1730 m, gelangt man nur wenig neben dem blumenreichen Westgrat zur fesselnden **Winterstaude (8)**.

Das Lechquellengebirge, Allgäuer und Rätikon-Majestäten im Visier, bringt uns der Winterstaudenweg, in der Folge der mit »Bullerschkopf« beschilderte Steig über den Südostgrat zum **Bühler Sattel (9)**, 1750 m, und auf die **Hohe Kirche (10)**, 1807 m. Eine beachtliche Felsfaltung im Blickfeld, überschreiten wir einen namenlosen **Nachbargipfel (11)**, 1747 m, und gewinnen den breiten **Bullerschkopf (12)**,1761 m.

Auf steilem, teils grob steinigem Nord-Abstieg zur **Isewartalpe (13)**. Ein meist über Weidegebiete führender Ziehweg wird im Alpkessel der **Unteren Falzalpe (14)**, 1140 m, zum Güterweg, der über die Vorsäße Hammeratsberg, Eggatsberg und Finkenberg wieder **Schetteregg (1)** erreicht.

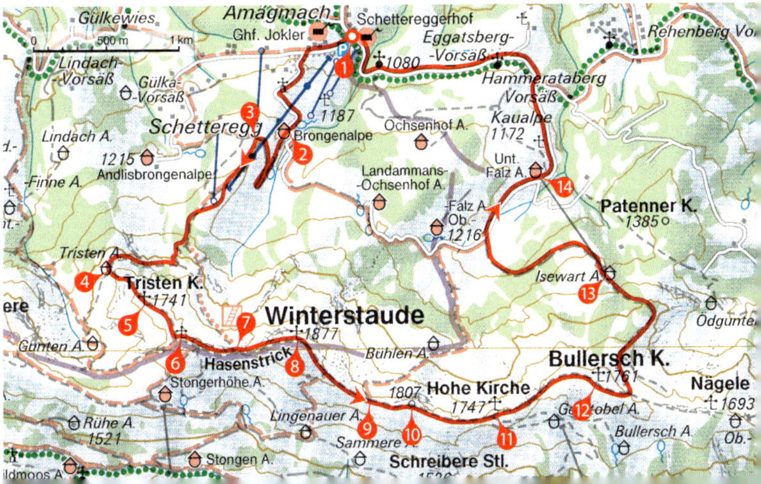

TOP 17 Achauen-Rundweg

2.15 Std.

Erfrischende Wildfluss-Landschaft in Dorfnähe

Die geschindelten, historischen Häuser im anheimelnden Ortskern stehen unter Denkmalschutz und sind bereits den Besuch Schwarzenbergs wert. Die berühmte Malerin Angelika Kauffmann blieb mit dem typischen Wälderdorf trotz ihrer langen Aufenthalte in England und Italien ein Leben lang verbunden. Doch mehr locken den Wanderer die ebenfalls noch unverfälschten, stillen Flussauen der nahen Bregenzer Ach zu einer einprägsamen Genießertour, auf der weitere betagte Holzhäuser zu bestaunen sind.

Ausgangspunkt: Schwarzenberg, Bushaltestelle an der Kirche, 696 m; Parkplatz.
Höhenunterschied: 200 m.
Anforderungen: Vorbildlich bezeichnete Wirtschaftswege und Pfade, kurze verkehrsfreie Sträßchen, kleiner wegloser Abschnitt. Leichte Steigungen.
Einkehr: Nur in Schwarzenberg.

An der Kirche in **Schwarzenberg (1)** beginnt der Achauen-Rundweg. Bei der Bäckerei lenkt uns der Wegweiser »Bregenzerach« auf ein verkehrsfreies Sträßchen. In der Parzelle Moos folgen wir dem weiterhin als Rundweg markierten Pfad in Windungen über einen steilen Mischwaldhang bergab zur Einöde **Kräherau (2)**, 580 m. Der Wirtschaftsweg am breiten, mit einem Gewirr von Felsblöcken übersäten Flussbett der Bregenzer Ach, die hier eben erst die Enge zwischen den beiden Klausbergen verlassen hat, wechselt bald wieder in einen Pfad – eine entspannende Bummelei durch Auwald und über Lichtungen. Nach einer weglosen Wiesenquerung zu einer Hütte in der Tiefenau wandern wir auf einem Güterweg bergauf nach **Rain (3)**, 610 m.

Der Rundkurs führt nun über ein winziges Sträßchen zu den benachbarten, uralten Bauernhöfen von **Au (4)**. Auf dem Waldweg Richtung Schwarzen geht's talwärts durch einen kleinen Bachtobel und um einen etwas abdrängenden Uferhang zurück in die faszinierende Wildfluss-Landschaft des Achtals, das sogenannte Äuele, 550 m.

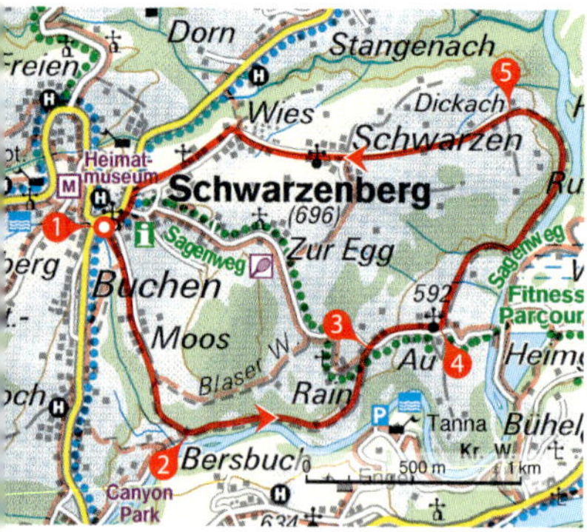

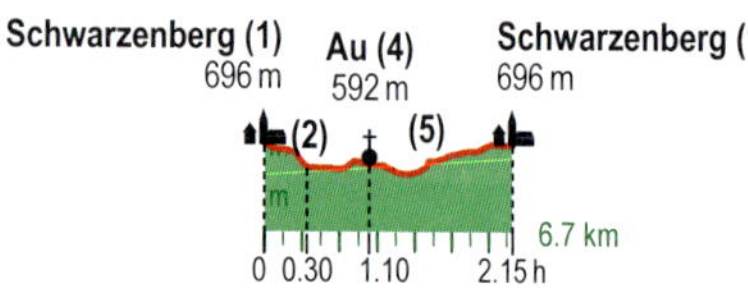

Wieder auf einsamstem Pfad schleichen wir genüsslich durch ein dichtes Waldstück und in engem Zickzack hinauf zur Parzelle **Dickach (5)**, 610 m. Ein Wirtschaftssträßchen bringt uns zum Ortsteil Schwarzen mit schönem Ausblick ins Egger Talbecken. Im Osten erhebt sich die Niedere. Geradeaus über Wies zurück nach **Schwarzenberg (1)** schließt sich unser kleiner Kreis.

Im urigen Bregenzer-Ach-Tal bei Schwarzenberg.

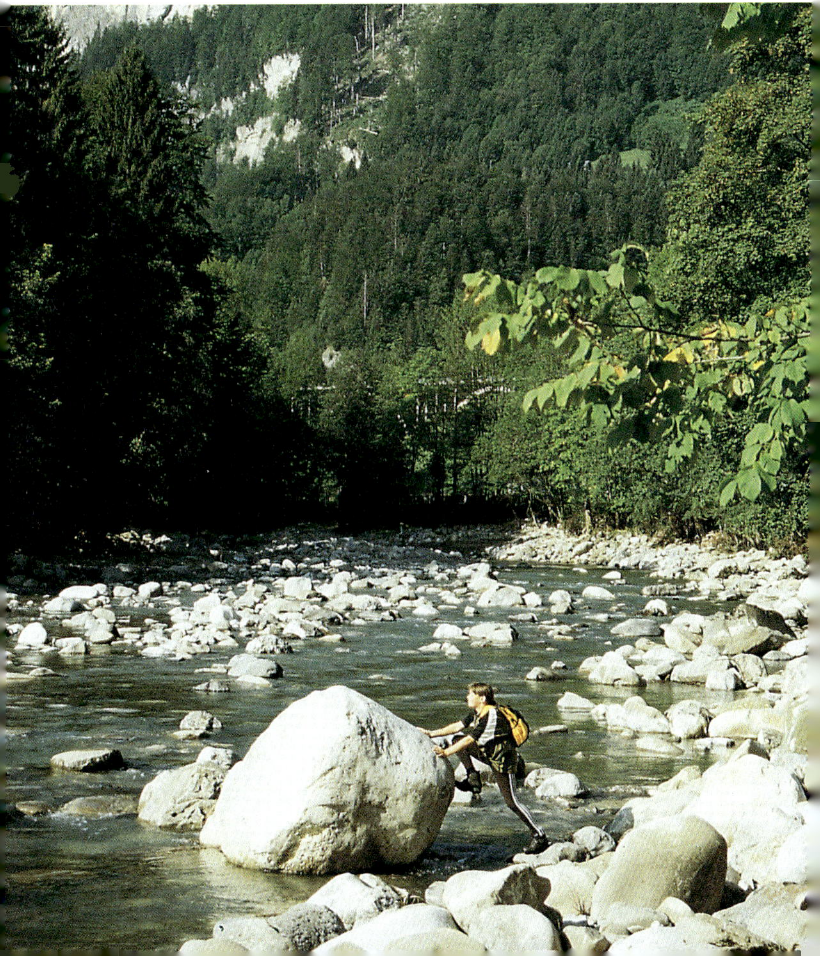

18 Niedere, 1711 m

4.00 Std.

Komfortabel auf den Andelsbucher Hausberg

Der Winterstaudenkamm schiebt in seinem Westteil die Niedere, auch Niedere Höhe genannt, mit ihrem lang gezogenen Bergrücken wie einen Keil zwischen den Äußeren und Inneren Bregenzerwald. Dieser mit Hilfe der Andelsbucher Bergbahnen auf einem kleinen Höhenspaziergang zugängliche Aussichtsberg ist ein beliebter Startpunkt für die Freizeitsportler der Lüfte.

Ausgangspunkt: Andelsbuch, Bushaltestelle am Bahnhof, 613 m; Parkplatz bei den Bergbahnen Andelsbuch östlich des Dorfes.
Höhenunterschied: 260 m im Aufstieg, 1150 m im Abstieg.
Anforderungen: Durchwegs gut bezeichnete Pfade, Steige und Güterwege. Leichter Aufstieg.
Einkehr: Andelsbuch, Bergghf. Niedere.

Wer nach **Andelsbuch (1)** mit dem Bus fährt, geht vom Bahnhof zur Kirche und nimmt kurz das Sträßchen zu den **Bergbahnen Andelsbuch (2)**. Die beiden Sektionen des Sessellifts schaukeln uns zu der in einer Hochmulde stehenden **Bergstation (3)**, 1530 m. Nur ein paar Minuten sind es auf einem leicht steigenden Güterweg hinüber zur **Vorderen Niederealpe (4)**, 1586 m, mit Berggasthof und dem Startplatz für Drachenflieger.
Der hier beginnende, problemlose Panorama-Rundweg Richtung Niedere Höhe am Guggstein vorbei beglückt mit einer prächtigen Schau auf den sanft wogenden Mittleren und Vorderen Bregenzerwald mit dem malerischen Mosaik aus Dörfern, Parzellen, Wald- und Wiesenflecken. Der Pfad mit Infotafeln zieht sich weiterhin gemütlich zwischen Minifichten dahin und führt dicht bis an die Nordabstürze des von der Niedere abzweigenden Seitenkamms heran. Jenseits des Alpkessels der Guntenalpe ragt der Tristenkopf auf, daneben erhebt sich die Winterstaude.

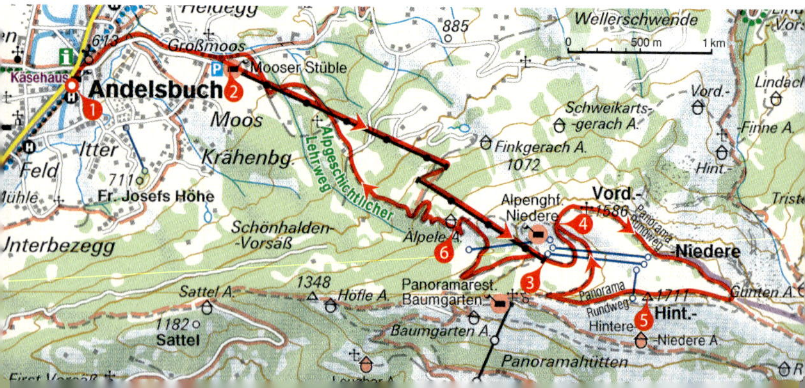

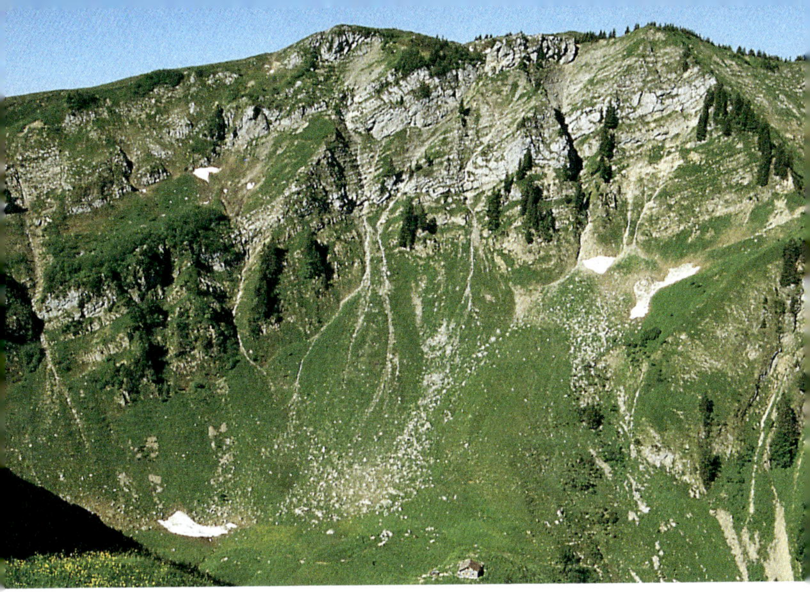

In steilen Schrofen stürzt die Niedere nach Norden ab.

Wo sich der Pfad beim Zusammentreffen der beiden Bergkämme verzweigt, ist es nur ein (flacher) Katzensprung westlich zur harmlosen Gipfelkappe der **Niedere (5)**. Im Süden bestechen vor allem die hohen Gipfel des Bregenzerwaldgebirges: vorn die klotzige Kanisfluh und links davon der mächtige Zitterklapfen im Lechquellengebirge.
Nach einem Faulenzerstündchen geht's noch ein Stück weiter am Kamm entlang und im Bogen durch die Hochmulde zurück zur **Bergstation (3)**. Über Weidelichtungen und durch Mischwaldflecken leitet uns ein Güterweg bis zur **Älpelealpe (6)**, 1359 m, und übers Vorsäß Schwende ein Steig nach **Andelsbuch (1)**.

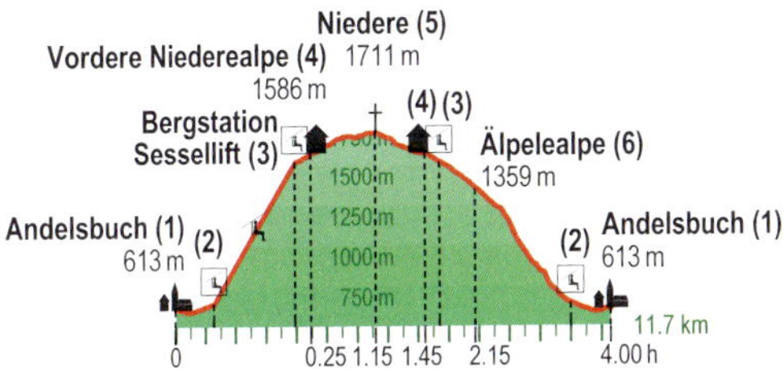

19 Auf historischen Wegen nach Bizau

6.00 Std.

Vom Mittleren Wald in den Hinterwald

Wenn man den vormals bedeutsamen Passübergang von Andelsbuch nach Bezau überschreitet, erinnert die »Bezeggsul« noch an die freie Wälderrepublik. Beschauliche Wege durch den einsamen Rimsgrund geleiten den schwärmenden Wanderer in die benachbarte Talweitung von Bizau.

Ausgangspunkt: Andelsbuch, Bushaltestelle am Dorfende im Ortsteil Bühel, 625 m, taleinwärts an der Bregenzerwald-Bundesstraße; Parkmöglichkeit am Sportplatz.

Höhenunterschied: 800 m.

Anforderungen: Gut beschilderte Güter- und Wanderwege, kurze verkehrsfreie Sträßchen. Mäßige Steigungen.

Einkehr: In Bezau und Bizau.

An der Bushaltestelle vor dem Tunnel in **Bühel (1)** orientieren wir uns am Wegweiser »Sportanlage« und wandern ab dem Stausee auf dem Güterweg Richtung Bezau am Anwesen Bezegg vorbei, bergan durch Mischwald. Auf einer Hochwiese steht die Gedenksäule auf der Bezegg, die Bezeggsul. Diese Stelle galt früher jedem Wälder als geweihter Ort. Sie kennzeichnet den einstigen Rathaus-Standort des Hinterwaldes.

Gleich darauf halten wir uns auf dem **Bezegg-Pass (2)**, 790 m, mit Kapelle, geradeaus. An der folgenden Gabelung geht's auf dem Kreuzweg mit schönen Ausblicken

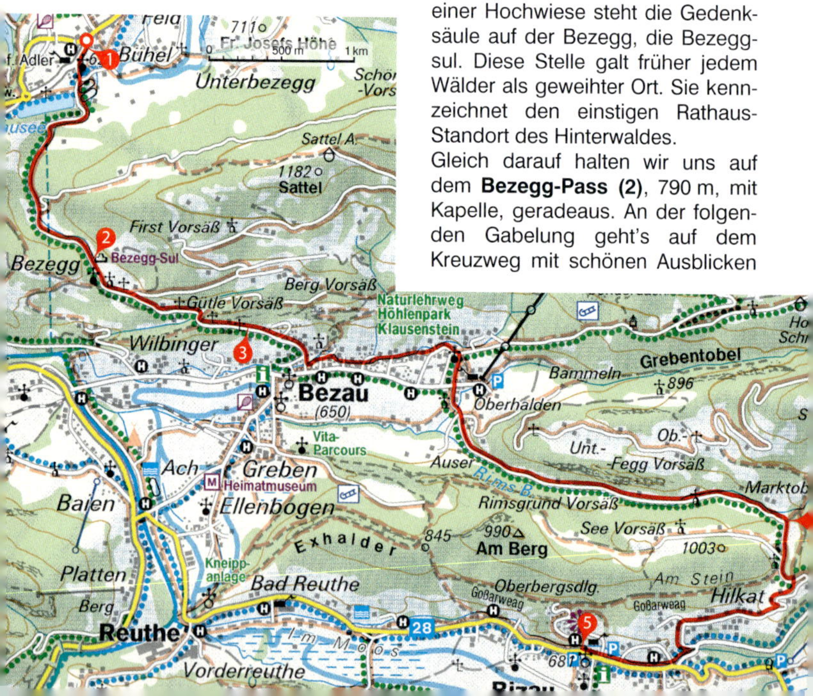

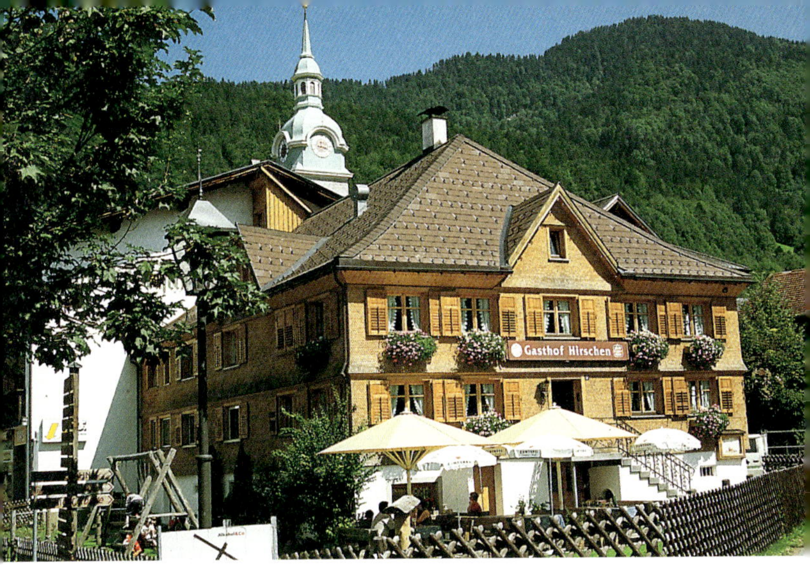

Bezau, die »Metropole« des Bregenzerwaldes.

auf die Parzellen in der Talebene der Bregenzer Ach hinunter nach **Bezau (3),** 650 m. Jenseits ragt über der Öffnung des Mellentals die Hangspitze auf. Nach einer Brücke folgen wir dem Wanderweg am Bach bergauf und beachten vor den Bezauer Bergbahnen im Ortsteil Oberbezau den Wegweiser »Rimsgrund«. Kurz darauf zweigt ein Güterweg ab, der meist über anmutige Wiesenauen mit alten Vorsäßhütten am Rimsbach unmerklich ansteigend taleinwärts durch den von wildromantischen Felsriegeln gesäumten Rimsgrund leitet. Nach einem kurzen Aufschwung stehen wir auf der nächsten Passhöhe: **Marktobel (4)**, 900 m.

Über Bergwiesen gelangen wir talwärts zu den Höfen von Hilkat. Nur ein Katzensprung ist es nach **Bizau (5)**, 681 m. Zuletzt hält man direkt auf die gebänderte Riesenwand der Kanisfluh zu. Zurück nach Bühel geht es auf dem Hinweg. Für weniger Ausdauernde besteht die Möglichkeit, von der Haltestelle an der Kirche in Bizau den Bus nach **Bühel (1)** zu nehmen.

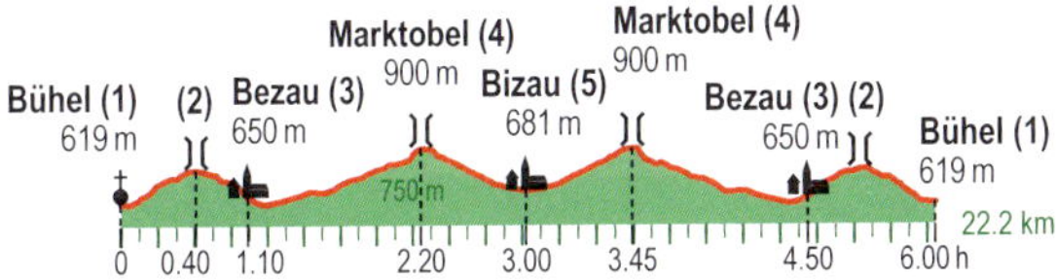

20 Wildmoosalpe, 1383 m

3.30 Std.

Höhenbummelei auf der Südseite der Niedere

Die durch die Unterstützung der Sonderdachbahn unbeschwerte Panorama-Tour auf meistens bequemen Wegen ist eine der leichtesten Bergwanderungen im Hinterwald. Lediglich auf dem kleinen, etwas verhauten Zwischenstück bei der ehemaligen Rumplatalpe darf man ein wenig seinen Pioniergeist spielen lassen.

Ausgangspunkt: Bezau, Bushaltestelle am Tourismusbüro beim Gasthof Hirschen, 650 m; Parkplatz.
Höhenunterschied: 270 m im Aufstieg, 770 m im Abstieg.

Anforderungen: Meist gut bezeichnete Zieh- und Güterwege, anfangs Wanderweg, kurzer Steig. Leichter Anstieg.
Einkehr: In Bezau, Alpe Greußing und Wildmoosalpe.

Wir gehen in **Bezau (1)** vom Tourismusbüro Richtung Seilbahn Bezau und hinter der auffallend schönen Kirche auf einem Wanderweg am Bach und über Wiesen bergauf zu den **Bezauer Bergbahnen (2)**. Die Seilbahn befördert uns im Nu zur Mittelstation im **Sonderdach-Vorsäß (3)**, 1208 m, mit Kapelle.
Der gemütliche Ziehweg an den Vorsäßhütten vorbei Richtung Wildmoosalpe begeistert sogleich mit einer alpinen Augenweide. Die Hauptgipfel des Bregenzerwaldgebirges, von der mächtigen Kanisfluh bis zum First, offenbaren sich von hier in ihrer ganzen Pracht.
Zwischen Fichtengruppen passieren wir einen Marienbildstock und genießen die völlig stressfreie, da nur mäßig ansteigende Alpweiden-Bummelei über die Sonnenseite der Niedere. Kurz nach einem Pfadabschnitt erreichen wir hinter der Alpe Greußing bereits unser Ziel. Die auf einer kleinen Ebene stehende **Wildmoosalpe (4)** mit Kapelle bietet sich zu einer geruhsamen Einkehr an.

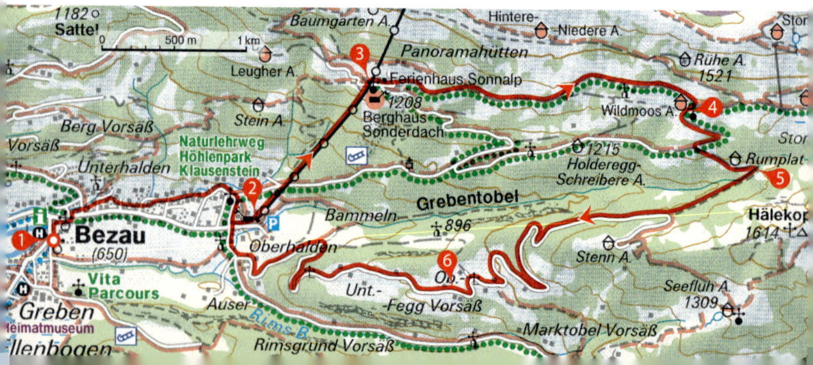

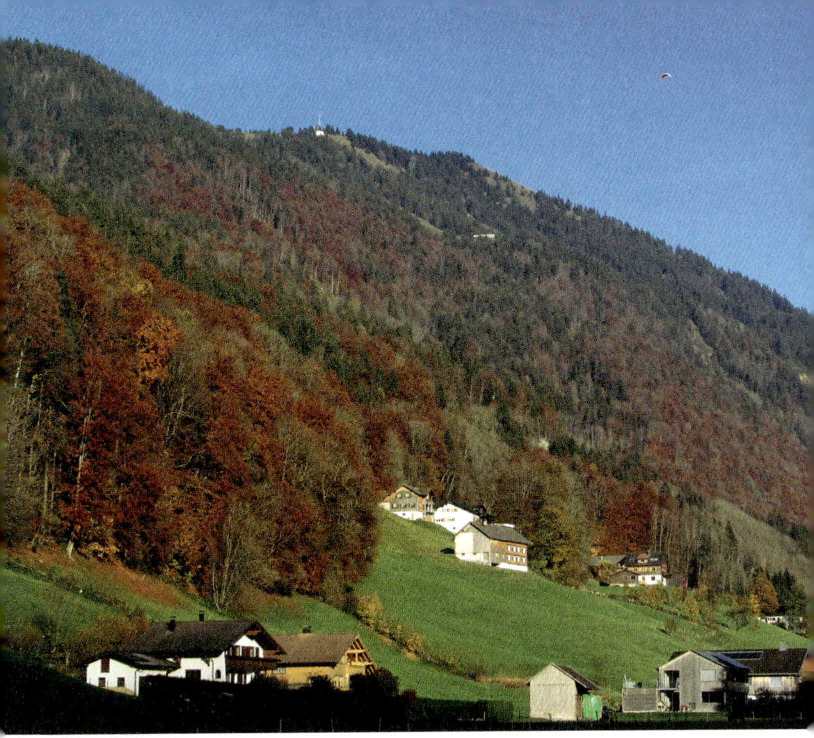

Über Bezau erstreckt sich die Sonnenseite der Niedere.

Wir wandern nun auf dem Güterweg Richtung Holdereggalpe talwärts und zweigen hinter der Wegschleife links auf den Rumplatweg ab, einen undeutlicher werdenden Ziehweg. Nach einer Wiese, wo früher die Rumplatalpe stand, geht es hinunter zum Steg des **Grebenbachs (5)** in einem verschwiegenen Tobel. Am Ende des unbequemen Steiges entlang des Hälekopf-Nordhangs stoßen wir wieder auf einen Güterweg, dem wir talwärts folgen. Auf einem Bergrücken geht es teils durch Mischwald, teils über Weidegebiete und an der verstreuten Parzelle **Fegg (6)** vorbei zurück nach **Bezau (1)**.

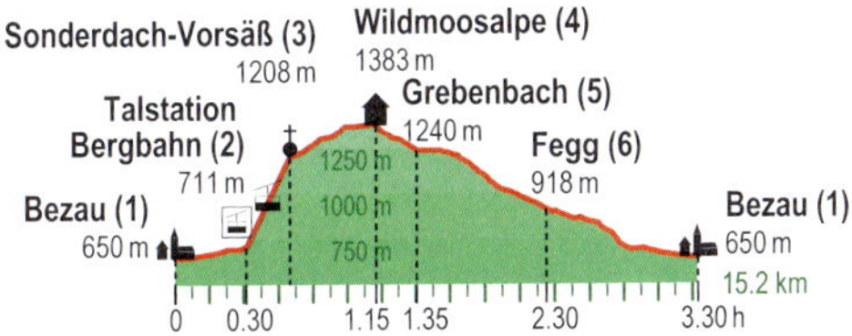

21 Schwarzwasserhütte, 1620 m

6.30 Std.

Über die Wasserscheide in die Walsertaler Berge

Plagt einen nach der Wanderung von der Bezauer Alpsiedlung Schönenbach in den weltabgeschiedenen Subersachtalschluss mit kanadisch anmutenden, kesselförmigen Felswänden der Hunger, erspäht man als einziges Nahrungsmittel das in Hülle und Fülle niederstürzende Gebirgswasser. Ist einem dieses Angebot zu mager, bleibt nichts anderes übrig, als den Weg ins vorarlbergische Allgäu fortzusetzen. Die von den Walsertaler Bergen umschlossene Schwarzwasserhütte serviert fast alles, was das Herz begehrt.

Ausgangspunkt: Schönenbach-Vorsäß, 1025 m, bei Bezau; Parkplatz am Beginn der Alpsiedlung. Erreichbar von Bizau auf einem Mautsträßchen, Wanderbus von Bezau.
Höhenunterschied: 900 m.
Anforderungen: Gut bezeichnete Güterwege, steinige Steige und Pfade. Längerer steiler Aufstieg.
Einkehr: In Schönenbach-Vorsäß und Schwarzwasserhütte.

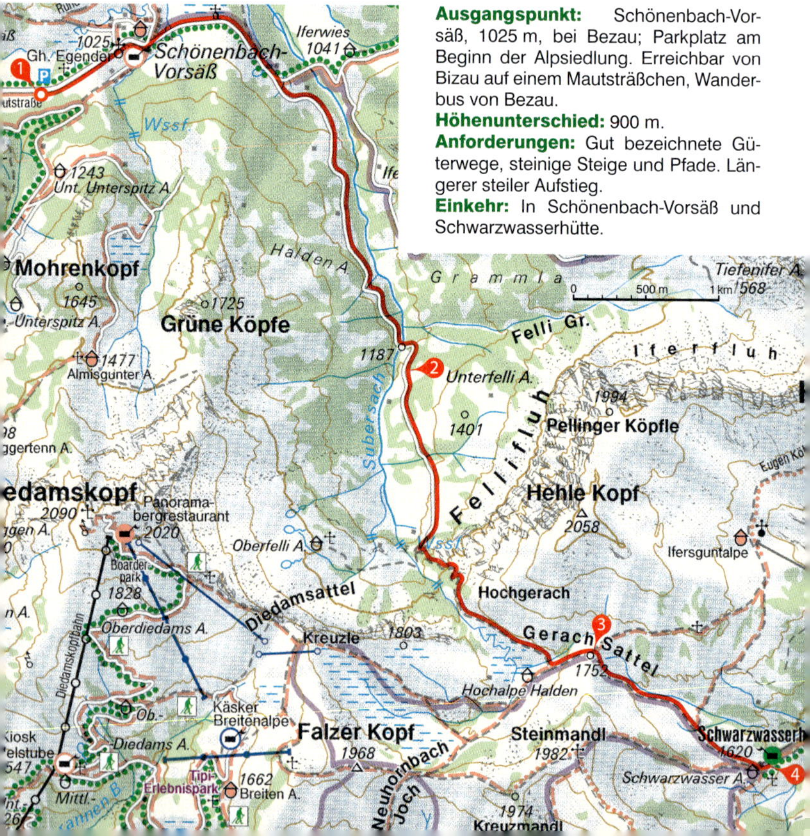

Nach kurzem Spaziergang auf dem Sträßchen vom Parkplatz nach **Schönenbach-Vorsäß (1)** leitet der Güterweg in Richtung Schwarzwasserhütte über eine Bachbrücke und Weideböden ins einsame Tal der Subersach, den kecken Sevischrofen vor Augen. Der angenehm steigende Kurs hält bald auf die gewaltige Fellifluh zu. Die hochgereckte Ifennase rückt ins Blickfeld. Auf dem Flachstück zur Subersachbrücke wechseln Alpweiden und Waldflecken. Nach der **Miesbodenalpe (2)**, 1210 m, mit Blick auf die markanten Grünen Köpfe folgt im Talschluss unterhalb eines Felsriegels mit Wasserfall ein meist steiniger Alpsteig.

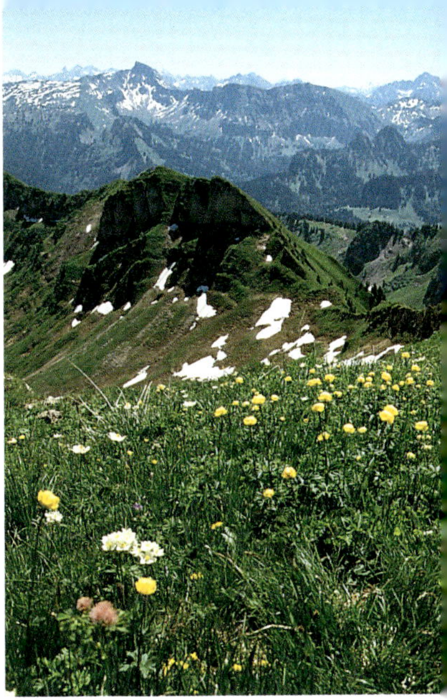

Blick von der Winterstaude ins hinterste Subersachtal mit Ifen.

Serpentinen überwinden, zum Teil am Rand einer Schlucht, die steilen Strauchhänge empor zu den sonnigen Feuchtwiesen der Subersach-Quellwasser. Wir streben auf dem flachen Pfad und zwischen Hehlekopf und Steinmannl über einen Weidehang gemütlich dem **Gerachsattel (3)**, 1752 m, mit der Hochalpe Halden zu. Auf der Wasserscheide Rhein-Donau öffnet sich vor uns das Schwarzwassertal, rückblickend baut sich der Diedamskopf auf. Mit ausgezeichnetem Blick zum Hohen Ifen, dieser eigenwillig gekippten Schrattenkalk-Bastion, wandern wir sanft bergab zur **Schwarzwasserhütte (4)** der Alpenvereins-Sektion Schwaben mit nebenstehender Alphütte. Der Weg zurück nach **Schönenbach-Vorsäß (1)** erfolgt auf derselben Route.

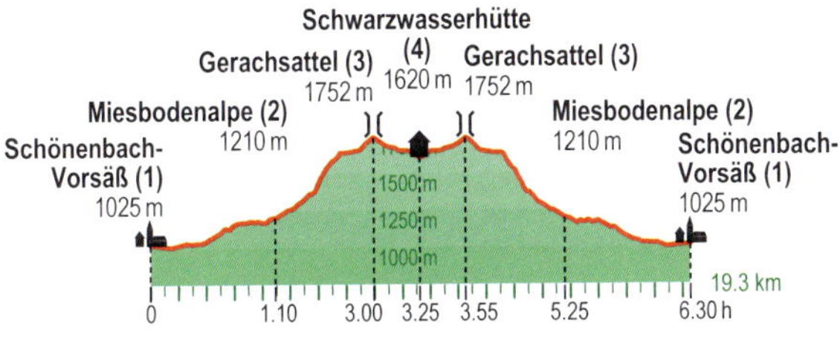

22 Känzele, 868 m

1.50 Std.

Gipfelzwerg mit frecher Felsenstirn

Während sich das Känzele südseitig in einen wenig imponierenden Mischwaldmantel hüllt, zeigt es der Bezauer Seite sein versteinertes Gesicht. Keine Frage, das Känzele ist ein echter Berg. Wer's nicht glaubt, der mache die Probe aufs Exempel.

Ausgangspunkt: Reuthe, Bushaltestelle unterhalb der Kirche in Vorderreuthe, 645 m; Parkplatz.
Höhenunterschied: 220 m.

Anforderungen: Bestens bezeichnete Steige und Wanderwege. Mäßig steiler Aufstieg.
Einkehr: In Vorderreuthe und Bizau.

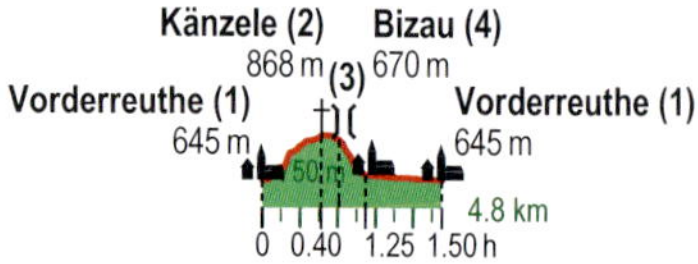

In **Vorderreuthe (1)** statten wir, beginnend an der Bushaltestelle unterhalb der Kirche, erst mal dem ältesten Gotteshaus des Bregenzerwaldes einen Besuch ab, einst Filialkirche von Andelsbuch, später Mutterkirche von Bizau, Schnepfau und Au. Gleich ums Eck befindet sich eine kleine Höhle. Über den schmalen Mischwaldrücken namens Exhalder mit artenreicher Vegetation leitet ein vergnüglicher Steig am Rand der Nordabstürze, hübsche Aussichtspunkte passierend, hinauf zum **Känzele (2)**.
Die lauschige Felsenkanzel verlockt zu einer ausgiebigen Rast. Schließlich kann uns auf der Minirunde nichts aus der Ruhe bringen. Die Bezauer Kulturflächen an der Ach-Doppelschleife mit dem barocken Kirchturm und dem Gesprenkel der alten Wälderhäuser wirkt, vor allem wenn auch noch das nostalgische »Bähnle« von Bersbuch andampft, wie eine verspielte Modelleisenbahn-Landschaft.
Nach einem Flachstück, weiter an der Abbruchkante entlang, steigen wir über eine kleine Stufe zum **Sättele (3)**, 845 m, ab und südseitig, zuletzt über

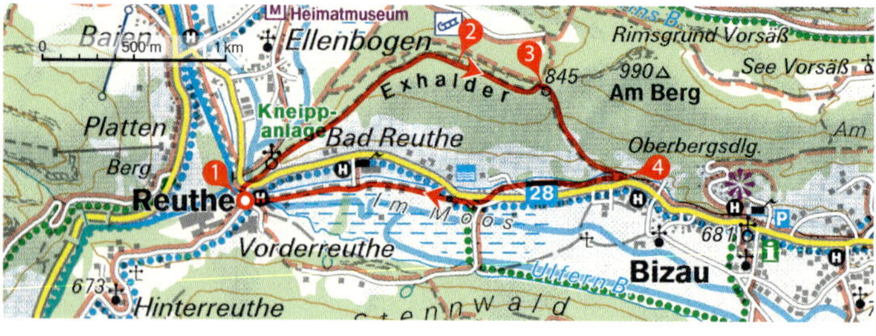

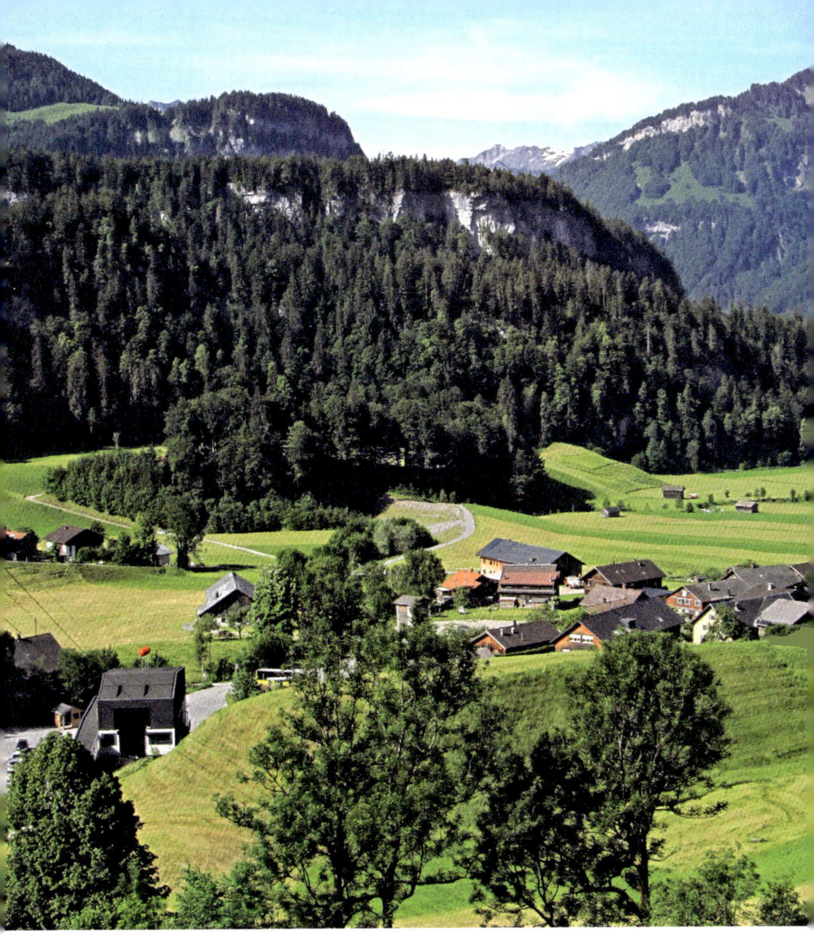

Die Nordseite des Känzele von Bezau aus betrachtet.

einen Wiesenhang, zum Unterdorf von **Bizau (4)**, 670 m. Im Dorf findet man mit einem kleinen Abstecher Einkehrmöglichkeiten.
Ein bequemer Wanderweg begleitet nun den Bizauer Bach, nach halber Strecke die Straße querend, auf die schön geformte Hangspitze zu und am Ortsteil Bad Reuthe vorbei, durch die heitere Talweitung »Im Moos« nach **Vorderreuthe (1)**.

23 Gopfberg, 1316 m

4.15 Std.

Schattige Bergtour mitten im »Wald«

Behäbig stellt sich der Gopfberg mitten im Bregenzer Wald der Ach nach Schnepfau in den Weg und verlangt ihr eine umständliche Schleife ab. Von Norden zeigt dieser waldige Geselle ähnlich wie das benachbarte Känzele, jedoch deutlich unterhalb des Gipfelbereichs, einen auffallenden Felsenstreifen aus solidem Schrattenkalk.

Ausgangspunkt: Bizau, Bushaltestelle bei der Kirche, 681 m; Parkplatz.
Höhenunterschied: 700 m.
Anforderungen: Gut bezeichnete, stellenweise ausgesetzte Steige, Pfade und Güterwege. Längere steile Aufstiege. Bei Nässe nicht empfehlenswert.
Einkehr: Nur in Bizau.

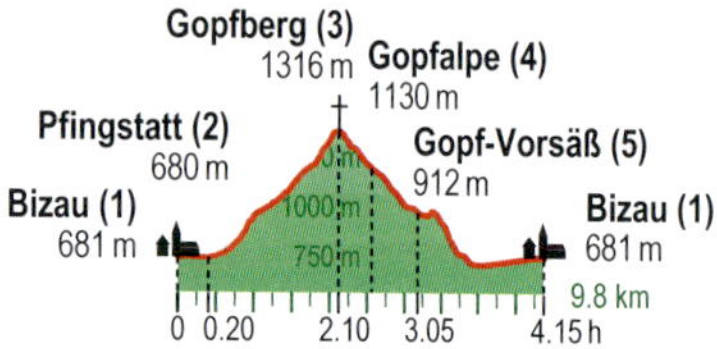

Wir gehen von der Kirche in **Bizau (1)** zum Gasthof Taube und auf dem rechts abzweigenden Sträßchen geradeaus durchs Kirchdorf. Über das flache Wiesenland ist unsere Route stets Richtung Rosenburg beschildert. Vorbei an der Parzelle Moos kommen wir nach **Pfingstatt (2)**, 680 m.
Der durch ein Mischgehölz ansteigende Waldweg wird bald von einem zwischendurch steilen und ausgesetzten Steig abgelöst. Erst jetzt Richtung Gopfberg haltend, kommen wir zum buckligen, kleinen Weidegebiet auf der

Eigenwillig strukturierte Böden bei Bizau.

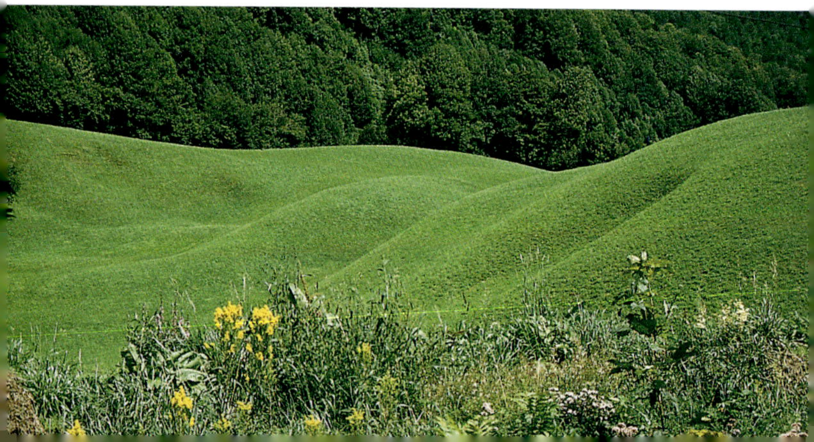

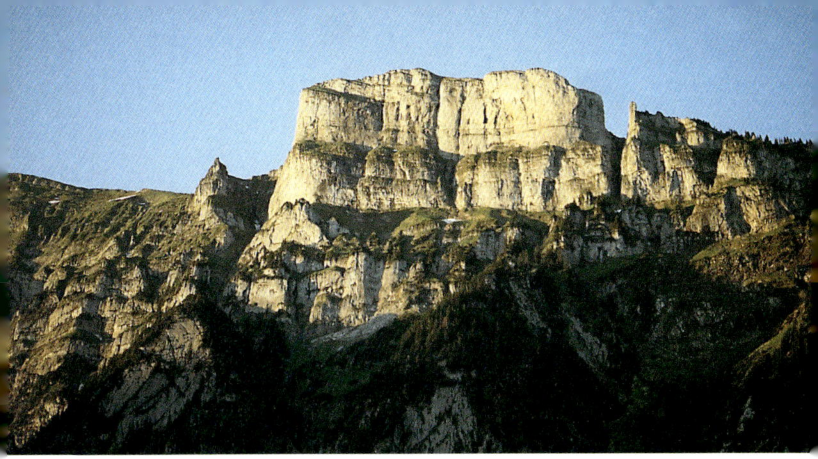

Keine Wand in den Rocky Mountains, nur die Kanisfluh vom Gopfberg betrachtet.

aussichtsreichen Anhöhe der Alpe Rosenburg. Die Alphütte lassen wir links liegen. Von einem gleich folgenden Aussichtspunkt beeindruckt zwischen der Mittagsfluh und der Kanisfluh die Talenge der Bregenzer Ach. Nun wandern wir, anfangs auf einem gemütlichen Pfad, später wieder auf einem deutlich steileren Steig (kurzes Drahtseil), über den lang gezogenen, bewaldeten Ostrücken mit gelegentlichen Ausblicken hinauf zum **Gopfberg (3)**.
Nach verdienter, ausgiebiger Gipfelrast folgen wir ein kurzes Stück dem Westgrat. Über dem Mellauer Talbecken ragt die elegante Hangspitze auf. Dann senkt sich unser Abstieg mit einer ausgesetzten Stelle nordwärts zur Bergschulter mit der **Gopfalpe (4)**, 1130 m. Auf dem nun über Lichtungen in ein paar Kehren talwärts leitenden Güterweg hält man sich an zwei Gabelungen beim **Gopf-Vorsäß (5)**, 912 m, in Richtung Stennvorsäß und wandert nach einem unbedeutenden weglosen Gegenanstieg auf einem Serpentinensteig durch den Stennwald. Eine landwirtschaftliche Fahrbahn quert den Ulfernbach und führt von der Verzweigung am Bergfuß über die Wiesenebene hinein nach **Bizau (1)**.

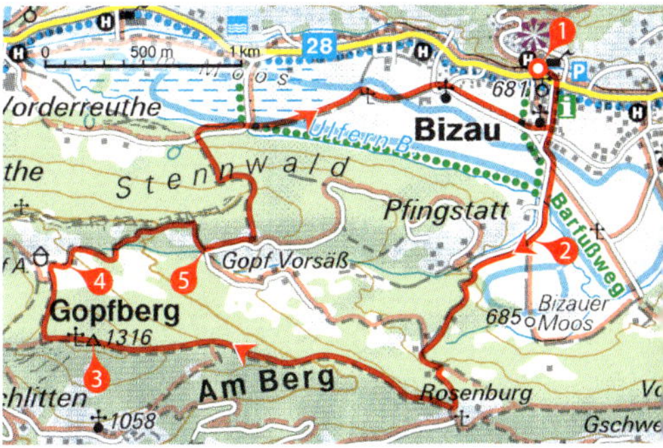

24 Hirschberg, 1834 m

6.30 Std.

Sonniger Panorama-Wanderweg auf lang gezogenen Grasgipfel

In vier unterschiedlich anspruchsvolle Abschnitte gliedert sich der Routenverlauf zu diesem mehr als 1100 m über dem Bizauer Talbecken aufragenden Aussichtsberg: nach einleitendem Straßenspaziergang in den Ortsteil Hütten ein etwas anstrengender Bergpfad zur Unterhirschbergalpe, eine ausgedehnte und gepflegte Panoramaroute für Genießer zum Sattel am Blaubeerparadies Hirschberg sowie schließlich ein kurzer pfiffiger Gipfelgang.

Ausgangspunkt: Bizau, Bushaltestelle im Oberdorf, 700 m; Parkplatz im Ortsteil Hütten.
Höhenunterschied: 1130 m.
Anforderungen: Gut bezeichnete Güterwege, Pfade und zuletzt Steig, anfangs kurze ruhige Straße. Teils steiler Gipfelaufstieg.
Einkehr: In Bizau, Alpe Unterer Hirschberg, Alpe Oberhirschberg.

Anreisende mit dem Bus müssen in **Bizau (1)** erst mal vom Oberdorf die Straßenkehren hinauf zur Parzelle **Hütten (2)**, 790 m, hinter sich bringen. Ab dort geht es auf einem mit Holzstufen und Stegen angelegten Bergpfad im Bereich der ehemaligen Hirschberg-Sessellifttrasse in mittelsteiler Steigung durch Mischwaldflecken und über Lichtungen. In einer sich verflachenden Rechtsschleife erreichen wir nach den Weidehängen des **Gschwend-Vorsäß (3)**, 1025 m, auf einem Ziehweg die **Unterhirschbergalpe (4)**, 1159 m.
Nun beginnt ein Güterweg. Dieser quert nach mehreren Serpentinen den Bergrücken mit der **Alpe Unterer Hirschberg (5)**, 1386 m. Auf dieser familienfreundlichen Sennalpe mit verschiedenen Kleintieren wird täglich feinster Alpkäse hergestellt. Als nächstes kommen wir zur **Alpe Mittelhirschberg (6)**, 1440 m. Hauptblickfang ist natürlich wieder einmal die mehrgipfli-

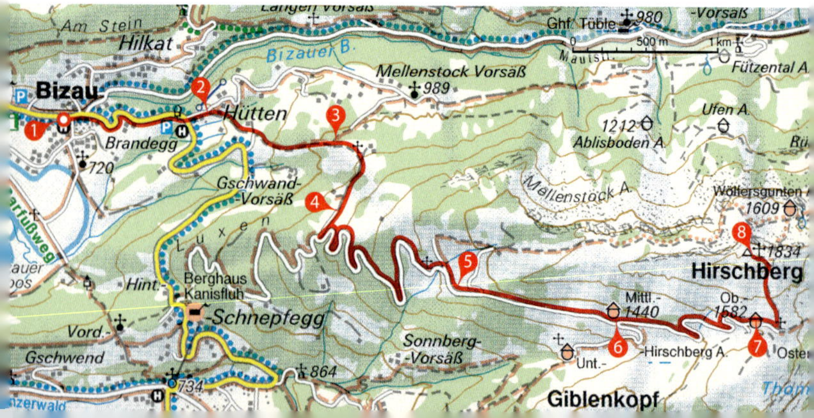

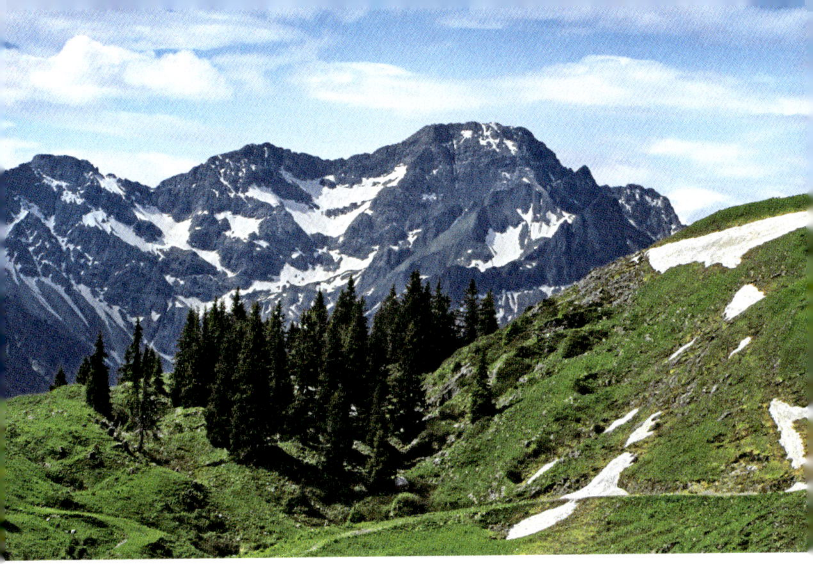

Zitterklapfen vom Sattel am Hirschberg.

ge Kanisfluh mit ihren gut 2000 Metern. Wie eine überdimensionale Festung steht sie da, trotzig und erhaben. Stets auf der Sonnenseite unseres Bergziels genießen wir die nun zwar deutlich ansteigende, aber dennoch weiterhin bequeme Höhenbummelei in ein paar Windungen zur **Alpe Oberhirschberg (7)** 1582 m. Wenig später trennt ein geräumiger Sattel, 1627 m, den Hauptgipfel von einem unbedeutenden südlichen Auswuchs. Der mitunter steile Steig über einen unten grasigen, im oberen Bereich mit Zwergsträuchern bewachsenen Hang und den obersten Ostgrat empor zum **Hirschberg (8)** eröffnet informative Ausblicke sowohl in die Bregenzerwaldberge und ins Lechquellengebirge als auch in die Allgäuer Alpen. Zurück geht es auf demselben Weg.

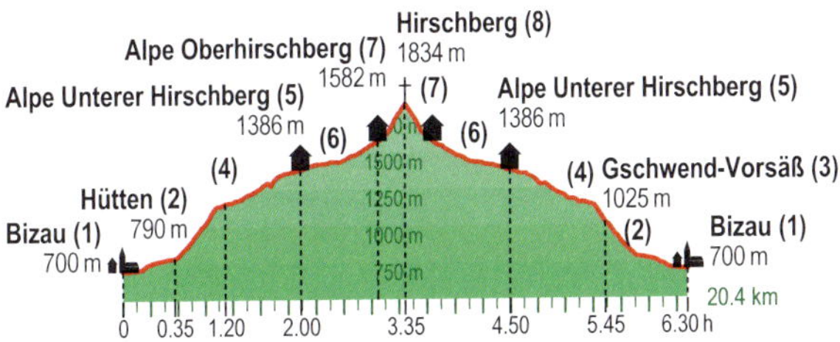

TOP **25**

Hangspitze, 1746 m

6.00 Std.

Eleganter Vorreiter auf dem First

Zwischen der Dornbirner Ach und dem bei Mellau zur Bregenzer Ach hin mündenden Mellental erstreckt sich der sogenannte First. Wohl geformter Eckposten dieser langen Gipfelkette ist die fast allseits steil abfallende Hangspitze. Durchbeißen heißt es für denjenigen, der diese grüne Bergdame begehrt. Der zur ausrangierten Hangalpe kletternde Alpsteig, wo nur noch ein Hauch alter Älplerzeit weht, heizt ordentlich ein. Früher musste sogar das Vieh diesen unerbittlichen Weg erklimmen. Apropos Dame, für die Einheimischen ist der »Spitz« natürlich wie viele Graskegel im Ländle ein Mann.

Ausgangspunkt: Mellau, Bushaltestelle am Spar-Laden, 688 m; Parkplatz.
Höhenunterschied: 1060 m.
Anforderungen: Anfangs geteerte Güterwege und Steige. Mitunter recht steiler Aufstieg, Trittsicherheit ist empfehlenswert.
Einkehr: Nur in Mellau.

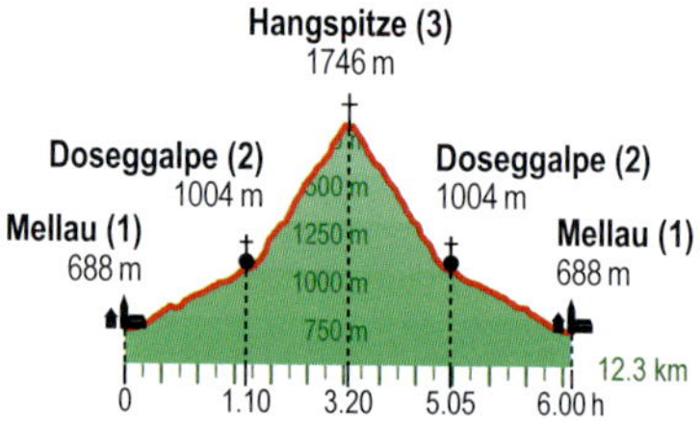

Wir halten uns am Spar-Laden in **Mellau (1)** Richtung Dosegg zum Ortsteil Übermellen. Auf dem mit »Hangspitzweg« beschilderten Mautsträßchen, anfangs in geteerten Kehren, lassen wir die Tour mit Ausblicken zum selten von der Sonne verwöhnten Kanisfluhstock und in die Damülser Berge erst mal gemütlich angehen. Bergauf durch Mischwald und an ein paar Hütten vorbei spazierend erreichen wir die **Doseggalpe (2)**, 1004 m, mit Kapelle. Unbezwingbar wirken die Abstürze über uns.
Ein anstrengender Waldsteig, mit »Hangspitze« beschildert, quert nach einer Weide einen Bachgraben und bringt den Kreislauf ziemlich in Schwung. Später mühen wir uns nicht mehr ganz so steil zwischen Fichtengruppen

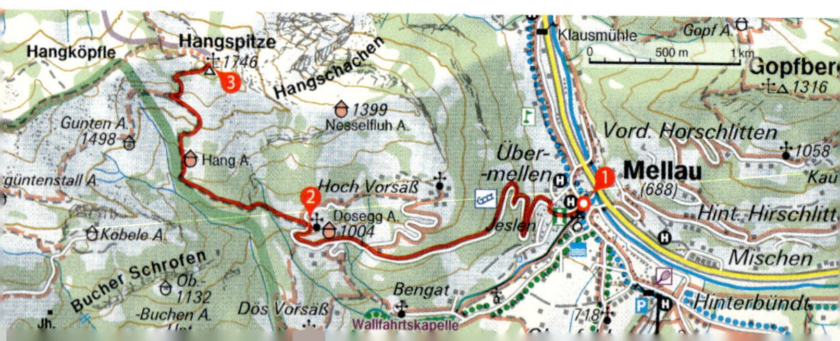

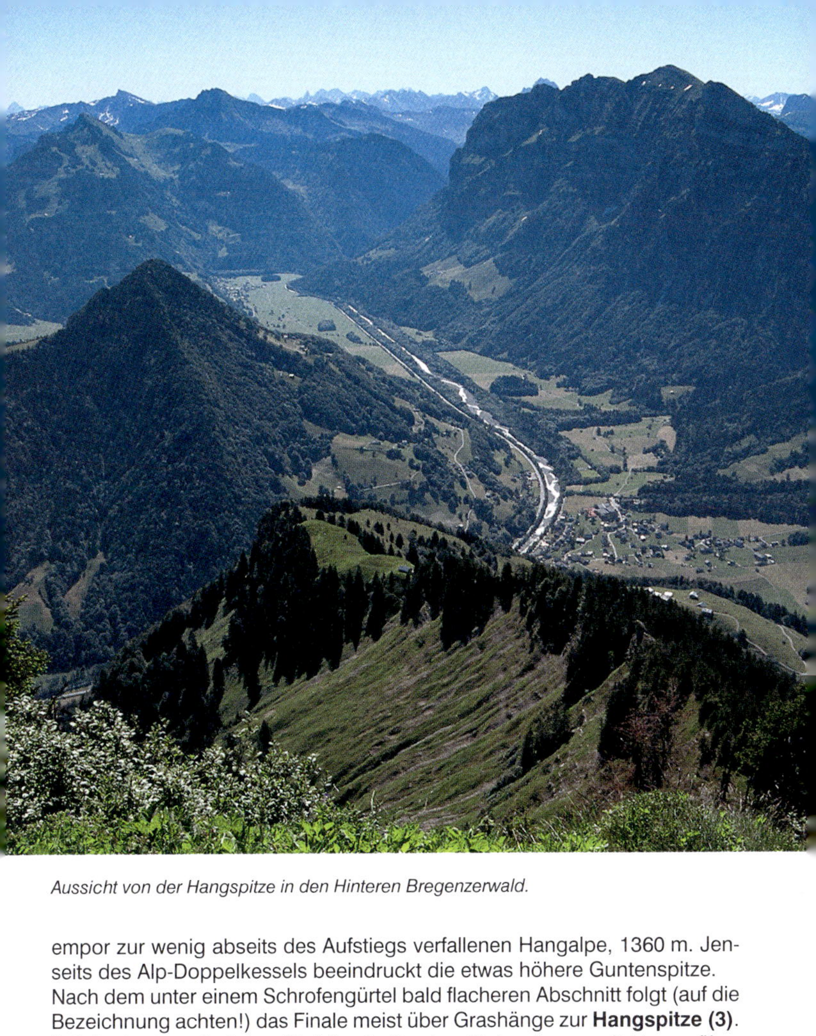

Aussicht von der Hangspitze in den Hinteren Bregenzerwald.

empor zur wenig abseits des Aufstiegs verfallenen Hangalpe, 1360 m. Jenseits des Alp-Doppelkessels beeindruckt die etwas höhere Guntenspitze. Nach dem unter einem Schrofengürtel bald flacheren Abschnitt folgt (auf die Bezeichnung achten!) das Finale meist über Grashänge zur **Hangspitze (3)**. Bei der hart erarbeiteten Gipfelbrotzeit schweift das Auge weit hinaus über die bewaldeten Vorberge und das Rheintalbecken zum Bodensee und in die Appenzeller Berge. Über dem hintersten Mellental baut sich der Hohe Freschen auf und hinter der Auer Talenge grüßen die rassigen Allgäuer Steilgrasberge. Der Abstieg erfolgt auf derselben Route.

26 Hintermellenalpe, 1450 m

7.15 Std.

Stramme Talwanderung zum Bergfuß der Hohen Matona

Das vom Dornbirner First und den Damülser Bergen flankierte, einsame Mellental zweimal in seiner gesamten Länge zu durchschreiten setzt zwar ein bisschen Durchhaltewillen voraus, dafür entschädigt der aussichtsreiche Marathon-Ausflug in den versteckten Gebirgswinkel unter der Hohen Matona mit einem zufriedenen Tag im Einklang mit der Bergnatur.

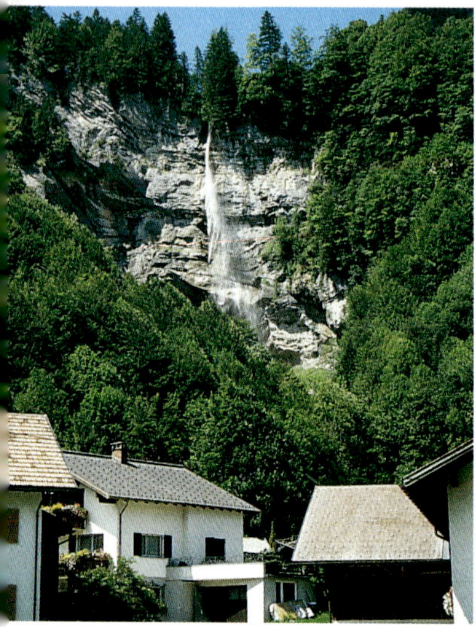

Wildromantisch öffnet sich das Mellental.

Ausgangspunkt: Mellau, Bushaltestelle am Spar-Laden, 688 m; Parkplatz.
Höhenunterschied: 1170 m.
Anforderungen: Gut ausgeschilderte Forst-, Güter- und Ziehwege, zuletzt geteert. Leichte Steigungen.
Einkehr: In Mellau und Lindachalpe.

Man wandert vom Spar-Laden in **Mellau (1)** über die Bachbrücke und in Richtung Sünserspitze ins Mellental hinein. Meist durch Mischwald geht es am Mellenbach entlang, rechts erhebt sich die Mörzelspitze. Der zur Lindachalpe beschilderte flache bis mäßig steile Forstweg wechselt ein paar Mal das Ufer. Im Talschluss schwingt er sich nach einem Brünnlein mit Bildstock in Richtung Hoher Freschen in wenigen Alpweg-Serpentinen an der **Lindachalpe (2)**, 1140 m, vorbei deutlicher bergan. Ein beeindruckender Wegabschnitt wurde in die Felsen gesprengt. Unter

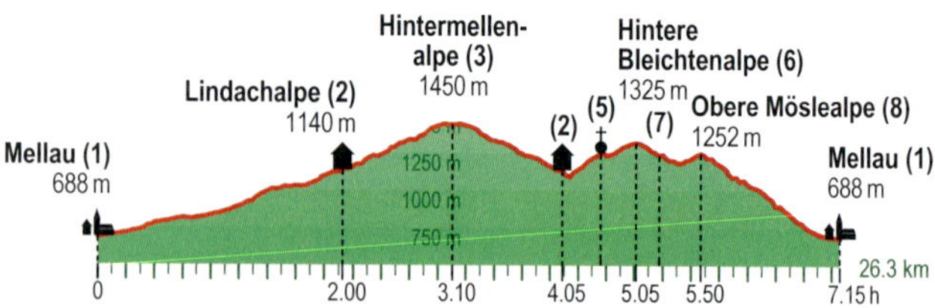

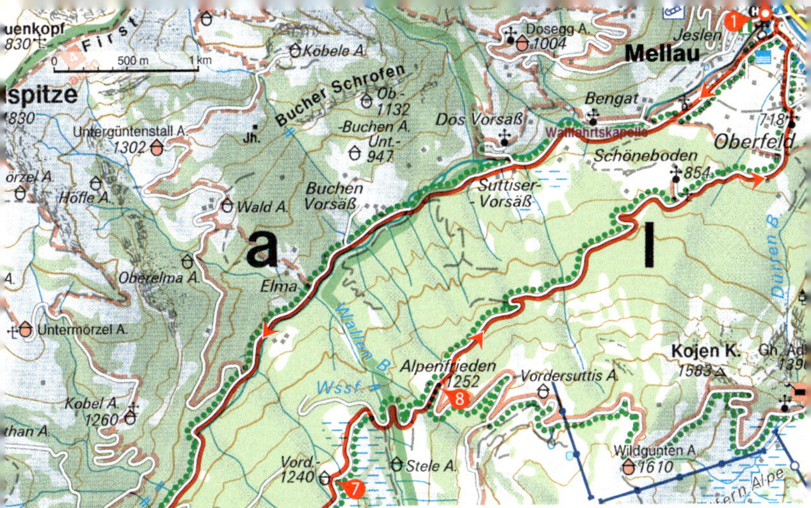

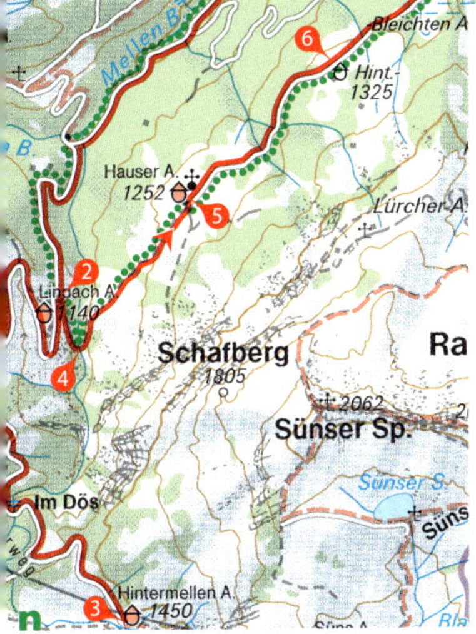

uns donnert ein Wasserfall in ein Strudelloch. Die letzte Etappe unter dem Wandriegel der Hohen Matona Richtung Sünsalpe durch aufgelockerten Wald und mit kleinem Höhenverlust über Alpböden zur privaten **Hintermellenalpe (3)** nennt sich Bettlerweg. Von der kleinen Hochwanne führen nur noch Steige an den Quellwassern des Mellenbachs weiter in die Gipfelregion.

Auf dem Rückweg zweigt an der **Lindachalpe (2)** rechts ein Ziehweg ab. Auf einem **Steg (4)**, 1095 m, überqueren wir den Mellenbach. Zur **Hauseralpe (5)**, 1252 m, steigt die Route wieder an. Das aussichtsreiche Alpdörfchen mit Kapelle unter der Sünserspitze darf sich einer besonders vorzüglichen Lage rühmen. Wieder auf gutem Alpweg geht's mit etwas Höhenverlust durch ein Waldstück bergauf zur **Hinteren Bleichtenalpe (6)**, 1325 m. Über die **Vordere Bleichtenalpe (7)**, 1240 m, und nach geringem Gegenanstieg an der **Oberen Möslealpe (8)**, 1252 m, vorbei spaziert man, ein paar Bergbäche querend, auf einem längeren Waldabstieg zurück nach **Mellau (1)**.

27 Kanisalpe, 1463 m

4.15 Std.

Auf der »Mellauer Himmelsleiter«

Die Steig-Direttissima aus dem Bregenzer-Ach-Tal empor zum Alphof Roßstelle unter dem Hochblanken ist ein echter Gang für Büßer. Das vergleichsweise geschenkte Finale zum Nachbarkar der Kanisalpe führt uns ein alpines Landschaftsidyll voller Harmonie und Anmut vor Augen.

Ausgangspunkt: Mellau, Bushaltestelle an der Talstation der Bergbahnen, 700 m; Parkplatz.
Höhenunterschied: 760 m.
Anforderungen: Bestens bezeichnete Pfade und zum Teil ausgesetzte Steige, Wander- und Ziehwege. Langer Steilaufstieg. Eine abschüssige Passage erfordert Trittsicherheit. Bei Nässe nicht empfehlenswert (gilt für Auf- und Abstieg).
Einkehr: In Mellau, Bergrestaurant Simma, Alphof Roßstelle, Kanisalpe.

In **Mellau (1)** leitet bei den Bergbahnen jenseits des Dürrenbachs ein Ziehweg bergan Richtung Roßstelle. Wir bleiben auf der linken Bachseite und nehmen vor der Bergbahn-Unterquerung rechts den unbeschilderten Pfad durch eine Schneise. Dieser wechselt im Mischwald in einen knackigen Steig mit ausgesetzten Passagen, der in engen Kehren den steilen Nordhang überwindet. Gedämpftes Bachrauschen dringt aus einer Schlucht. Wo grüne Alpmatten durchs Geäst leuchten, ist das letzte Stück zur Bergstation mit Bergrestaurant Simma und **Alphof Roßstelle (2),** 1390 m, bald gewonnen. Über uns erheben sich Mittagspitze und Hochblanken in den klaren Berghimmel.

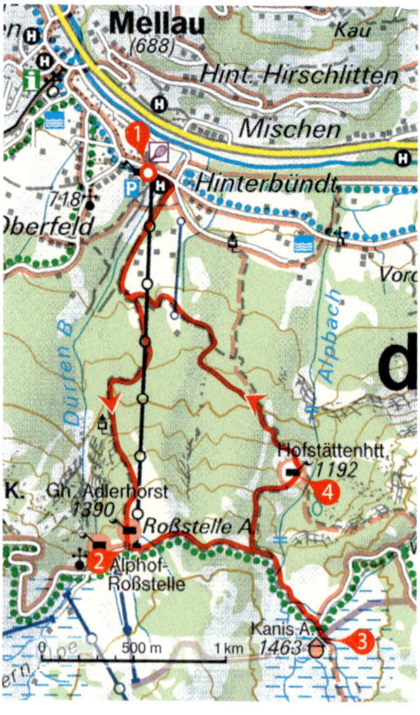

Der breite Wanderweg Richtung Kanisalpe steigt nur noch sanft. Nach einer abgerutschten Passage, die durch einen Holzsteg wieder begehbar gemacht wurde, hält ein Alpweg auf die Kanisfluh zu. Über einen soliden Bachsteg erreichen wir den bezaubernden Hochkessel der **Kanisalpe (3)**, überragt von der gebänderten Felsstirn des Gungern.
Wir gehen nun zurück zum Steg.

Am Kaniseregg weist das Schild »Hofstätten« auf einen steil abfallenden Steig. Vis-à-vis eines tiefen Tobels macht der dreistufige Wasserfall des Alpbachs auf sich aufmerksam. Ein locker bewaldeter, im unteren Bereich jäher Hang verlangt Vorsicht. Der ab der **Hofstättenhütte (4)**, 1192 m, mit weiterem Wasserfall abenteuerlich durch den Wald führende Versorgungsweg geht besonders auf die Knie. Auf einem Forstweg überschreiten wir zwei Bachgräben, bevor ein Pfad zur bekannten Route zurück nach **Mellau (1)** leitet.

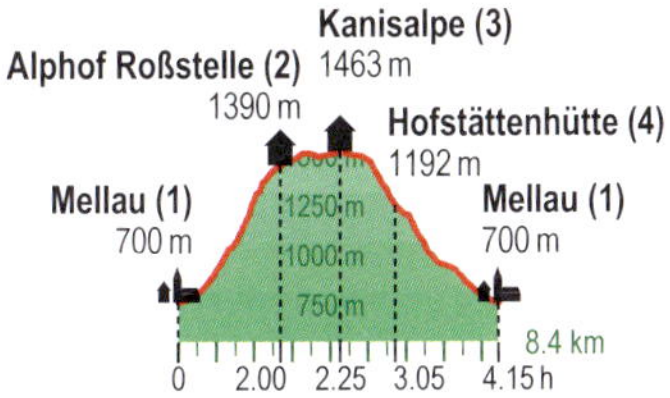

Damülser Mittagspitze vom Alphof Roßstelle.

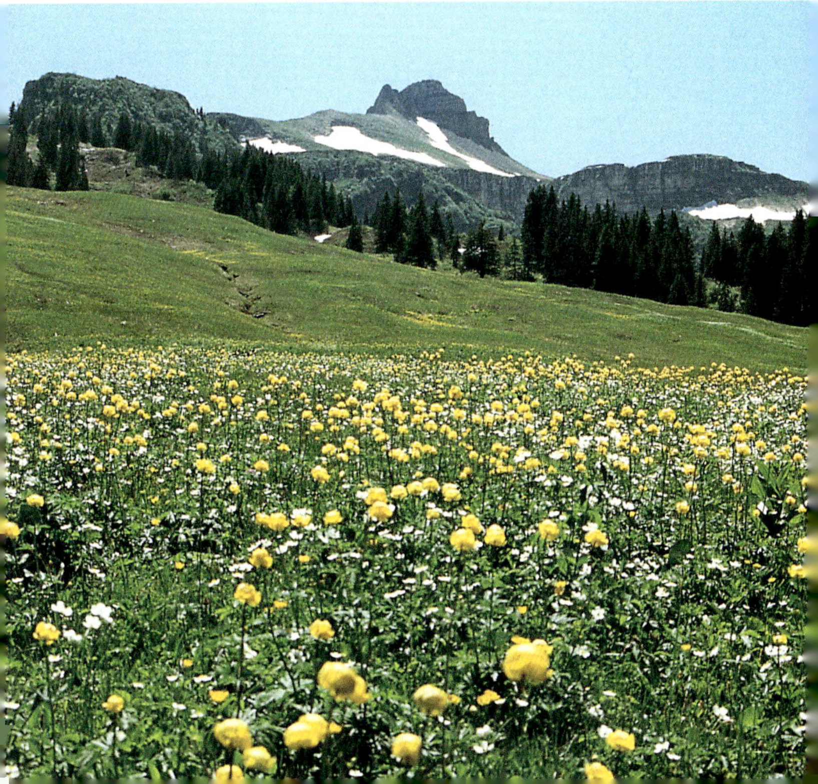

28 Alpe Rosenburg, 888 m

2.00 Std.

Vergnüglicher Schnepfau-Rundgang für jedes Wetter

Auf keiner Tour blickt man der Kanisfluh näher ins archaische Antlitz als auf dieser allwettertauglichen Minirunde. Über 1300 Meter überragt der »Klotz vom Hinterwald« mit nahezu lotrechten Wänden den Wiesenplan des heimeligen Bauerndorfs Schnepfau. Ein Tourenvorschlag, der möglicherweise einen Muskelkater vom unersättlichen Schauen nach sich zieht, kaum jedoch vom Wandern.

Ausgangspunkt: Schnepfau, Bushaltestelle bei der Kirche, 734 m; Parkplatz.
Höhenunterschied: 210 m.
Anforderungen: Gut bezeichnete, geteerte Wirtschaftswege, Ziehwege sowie Steige. Leichte Anstiege.
Einkehr: Nur in Schnepfau.

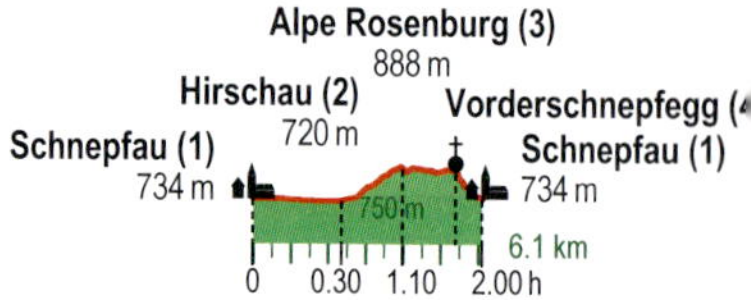

Wir achten bei der Kirche in **Schnepfau (1)** auf den Wanderwegweiser »Achdammweg Mellau«. Ein bei einem Brunnen abzweigender, geteerter Wirtschaftsweg geradeaus über die Wiesenebene der hier gezähmten Bregenzer Ach zum Ortsteil **Hirschau (2)**, 720 m, mit malerischen Häusern alter Bauart steht ganz im Bann der übermächtigen Felskathedrale Kanisfluh. Gleich am Dorfeingang folgen wir dem steigenden Privatsträßchen Richtung Rosenburg. Die anschließende weite Schleife leitet durch Mischwaldflecken und über sonnige Bergmatten. Auf einem Höhenzug, der den Gopfberg mit dem Hirschberg verbindet, kommen wir zum kleinen, buckligen Weidegebiet der **Alpe Rosenburg (3)**. Prächtig ist der Ausblick zum gewaltigen, felsigen Einschnitt zwischen Mittagsfluh und Kanisfluh, das typische Hinterwaldbild. Der Steig Richtung Schnepfegg entpuppt sich in leichtem Auf und Ab über den bewaldeten, felsdurchsetzten Höhenzug als kurzweiliges Vergnügen. An einer Kreuzung folgen wir dem im weiteren Verlauf angelegten Wander-

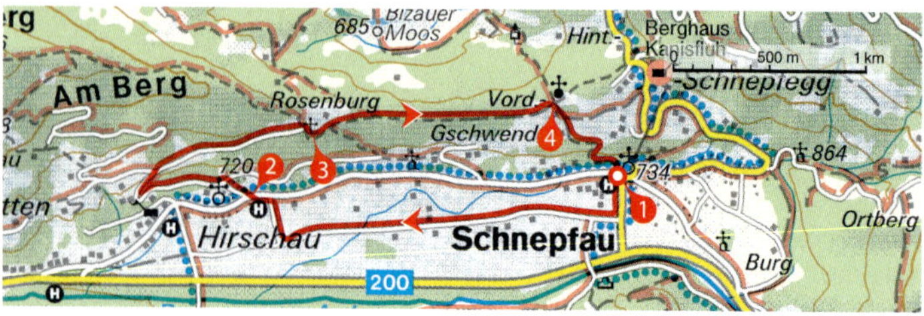

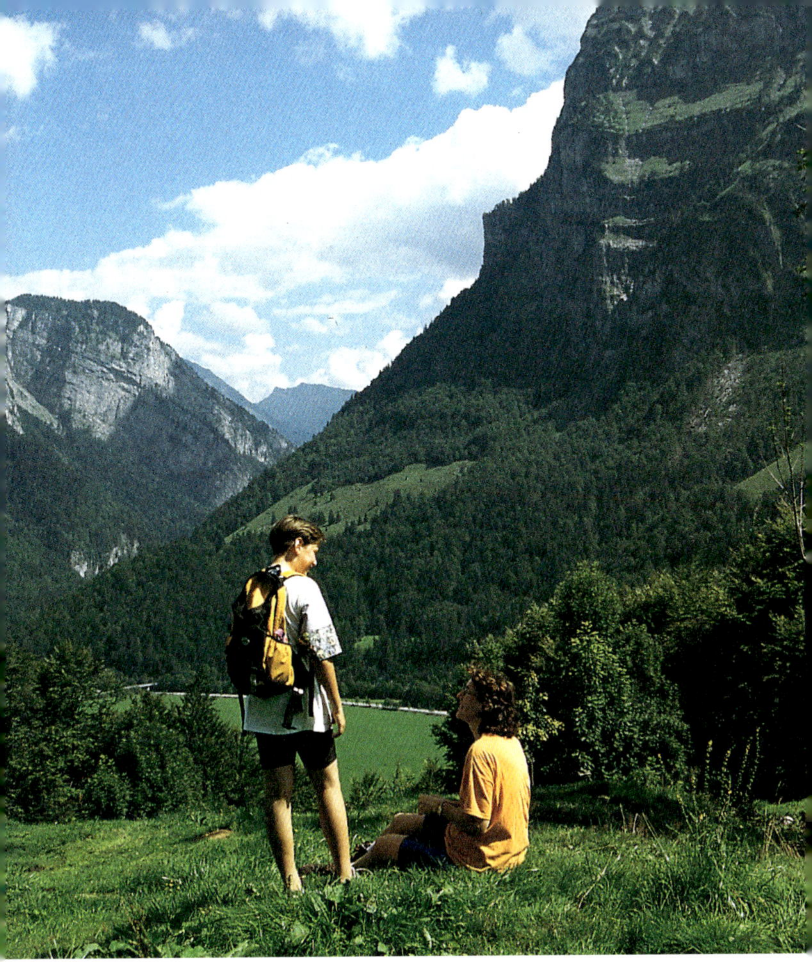

Bei der Alpe Rosenburg fesselt der Ausblick zur Auer Talenge.

weg zur Wendelinkapelle in der Parzelle **Vorderschnepfegg (4)**, 871 m, wo die Hochkünzelspitze und die Braunarlspitze auf die Bühne treten. Auf dem hier vorbeiführenden, schmalen und urigen Ziehweg, einem vormals bedeutenden Übergang von Bizau, geht's in Serpentinen über eine steile Bergflanke hinunter nach **Schnepfau (1)**.

29 Mittagsfluh, 1637 m

5.15 Std.

Über dem »Grand Canyon« des Bregenzerwaldes

Bestaunt man kurz vor Au von der Bregenzerwaldstraße aus die leuchtenden, hohlförmigen Wandfluchten der Mittagsfluh, ist es kaum vorstellbar, dass es sich hierbei um ein Gipfelziel für Gelegenheits-Bergwanderer handelt. In der Tat steht man schon nach drei Stunden, ohne übermäßig aus der Puste geraten zu sein, über der schaurigen Tiefe dieses canyonartigen Naturdenkmals und erliegt gebannt der großen Dramatik des Hinterwaldes.

Ausgangspunkt: Au, Bushaltestelle an der Kirche in Jaghausen, 791 m; Parkplatz.
Höhenunterschied: 850 m.
Anforderungen: Bezeichnete Pfade und Steige, Güterwege. Zum Teil steiler Aufstieg.
Einkehr: In Jaghausen und Obere Sattelalpe.

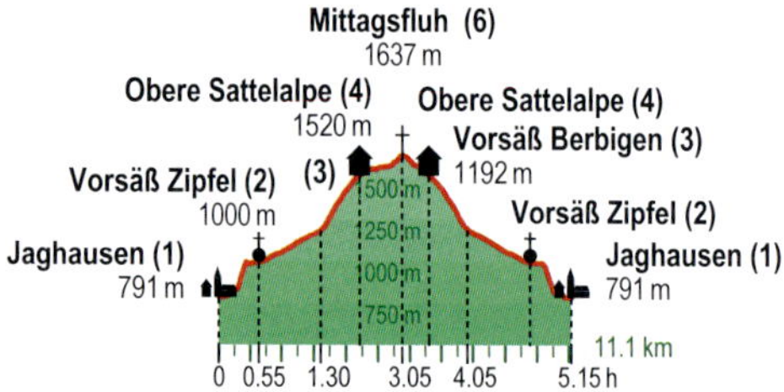

Am Hotel Krone, nahe der Kirche in **Jaghausen (1)**, folgen wir dem Sträßchen auf die Felsabstürze der Mittagsfluh zu und am Ortsende der Wiesenspur Richtung Berngat an einem Fischteich vorbei. Auf dem nun ansetzenden Mischwaldsteig beachten wir nach einem überhängenden Felsblock die gewohnte Bezeichnung und queren eine trockene Bachrinne. Unter einer Wand geht es im Zickzack spürbar bergan. Wo sich der Wald mit Blick zum Klipperen öffnet, leiten Pfadspuren gemütlich über Wiesenflecken zum **Vorsäß Zipfel (2)**, 1000 m. Die Begehung des kurz vor dem Vorsäß abzweigenden, alten Steilaufstiegs zur Mittagsfluh ist wegen eines jagdlichen Sperrgebietes ganzjährig untersagt.

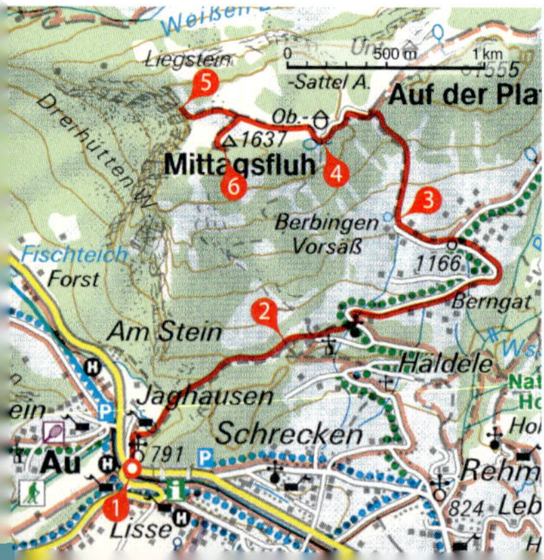

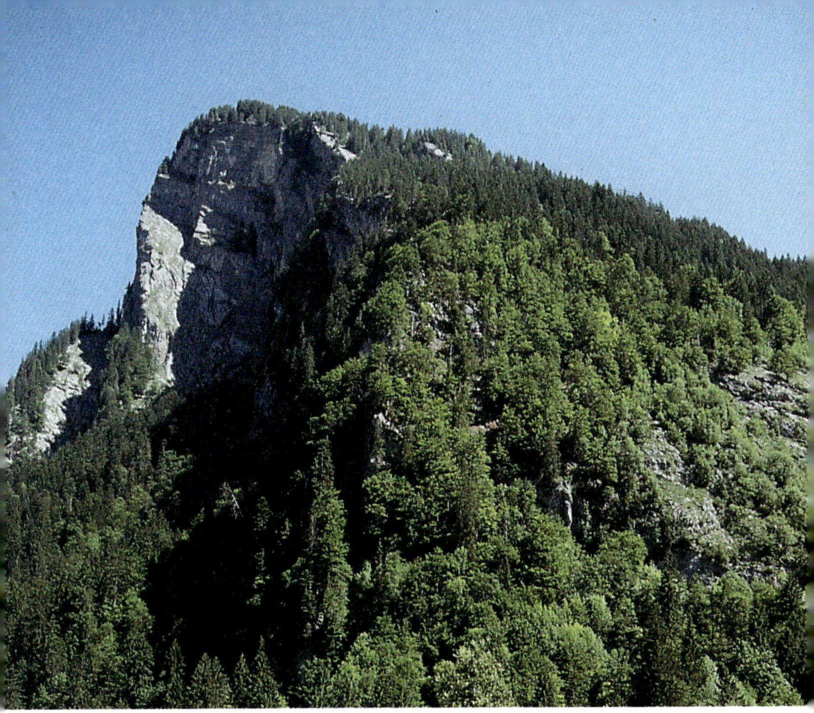

Beliebtes Gipfelziel über Au: die imponierende Mittagsfluh.

Plötzlich umrahmen Üntschenspitze, Mohnenfluh, Hochkünzel und Zitterklapfen den Schoppernauer Talkessel. Nach dem an der Kapelle Berngat vorbeiführenden Waldpfad nimmt uns Richtung Mittagsfluh ein geteerter Güterweg auf, der in einer Schleife über Alpmatten die Vorsäße Berngat und **Berbigen (3)**, 1192 m, verbindet. Auf Steigspuren gelangen wir über steilere Hänge auf einen bewaldeten Höhenzug, wo uns ein Güterweg in Kürze zur **Oberen Sattelalpe (4)**, 1520 m, bringt.
Auf sanft steigendem Pfad durch eine bescheidene Alpwanne schlendernd, wagen wir uns, ab einer Verzweigung wieder auf Steigspuren, zum kitzligen Aussichtspunkt des **Liegsteins (5)**, der Abbruchkante der eingangs erwähnten Wandfluchten. Hunderte von Metern gähnende Tiefe! Zurück an der Verzweigung, weist ein Täfelchen über einen gemütlichen Rücken zum nahen Gipfel der bis obenhin mit Fichtenwald gekleideten **Mittagsfluh (6)**, wo uns ein vortrefflicher Einblick in den hochalpinen Talschluss erwartet. Der Abstieg erfolgt auf derselben Route.

TOP **30**

Kanisfluh, 2044 m

7.15 Std.

Der Regent mit den zwei Gesichtern

Das Bregenzerwaldgebirge hat zweifellos geringfügig höhere Berge als die Kanisfluh aufzuweisen. Doch das viergipflige Felsbollwerk mit dem fesselnden Panorama ist von so vielen Stellen der Hauptblickfang, dass ihm zwischen Bodensee und Au keiner den Rang des »Wald-Regenten« streitig macht. Kuriosum der finsteren Riesenmauer, ähnlich wie bei der gegenüber stolzierenden Mittagsfluh: Das zweite Gesicht, in diesem Fall die grüne Südabdachung, ermöglicht einen überraschend simplen Zugang.

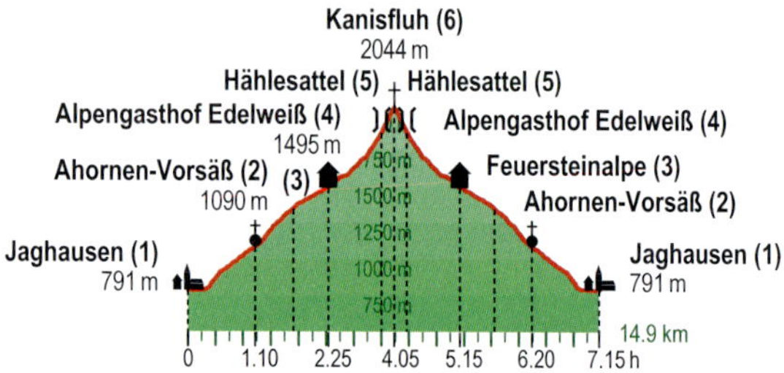

Ausgangspunkt: Au, Bushaltestelle an der Kirche in Jaghausen, 791 m; Parkplatz.
Höhenunterschied: 1250 m.
Anforderungen: Gut bezeichnete Pfade und Steige, Güterwege. Am Gipfel steil.
Einkehr: In Jaghausen und Alpengasthof Edelweiß.

An der Kirche in **Jaghausen (1)** nehmen wir ganz kurz den Gehsteig der nach Mellau führenden Bundesstraße, gehen über die untere Achbrücke und folgen dem Sträßchen Richtung Kanisfluh zum ruhigen Ortsteil Argenstein. Hinter den letzten Häusern leitet ein Pfad durch den Mischwald empor

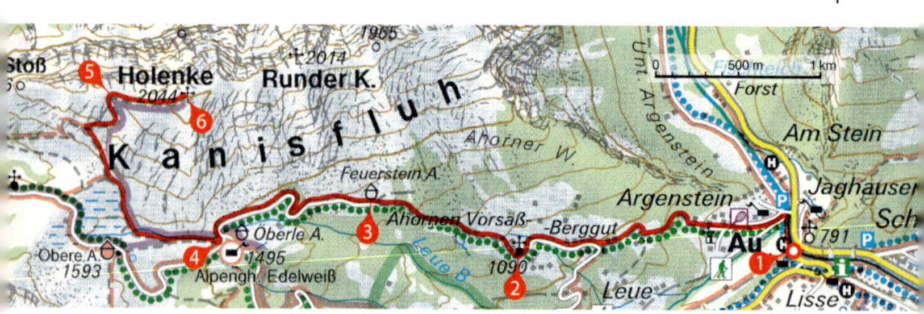

und ein anschließender Güterweg durch das noch überwiegend im alten Stil erhaltene Ahornen-Berggut, später durch das **Ahornen-Vorsäß (2)**, 1090 m. Schön ist die Ausschau zu den eleganten Allgäuer Bergspitzen hinter Schoppernau und in das gegenüber des Argenbachs beginnende Lechquellengebirge. Der weiterhin zu unserem Gipfelziel ausgeschilderte Aufstieg, zwischendurch als Wanderweg, passiert nach einem Waldflecken die **Feuersteinalpe (3)**, 1350 m. Unter der breiten Südabdachung der Kanisfluh geht's über kärgliche Alpweiden recht gemütlich an der Waldgrenze entlang, linker Hand der Klipperen.

Nach Querung des Leuebachs folgen wir am **Alpengasthof Edelweiß (4)**, 1495 m, dem Pfad links des Bachtälchens. Dieser wechselt ab den Weideböden der Obern Alp in einen etwas anstrengenden Zickzacksteig, der über die durchwegs grasige Südwestflanke empor zum **Hählesattel (5)**, 1870 m, klettert. Der problemlosen Kammlinie folgend, stehen wir bald darauf am Hauptgipfel der **Kanisfluh (6)** namens Holenke. Der erhebende Talblick über das jähe Gemäuer zum glitzernden Silberfaden der Bregenzer Ach bleibt unvergesslich. Auf dem Anstiegsweg geht es zurück nach **Jaghausen (1)**.

Das Felsbollwerk der Kanisfluh gilt als Wahrzeichen des Bregenzerwaldes.

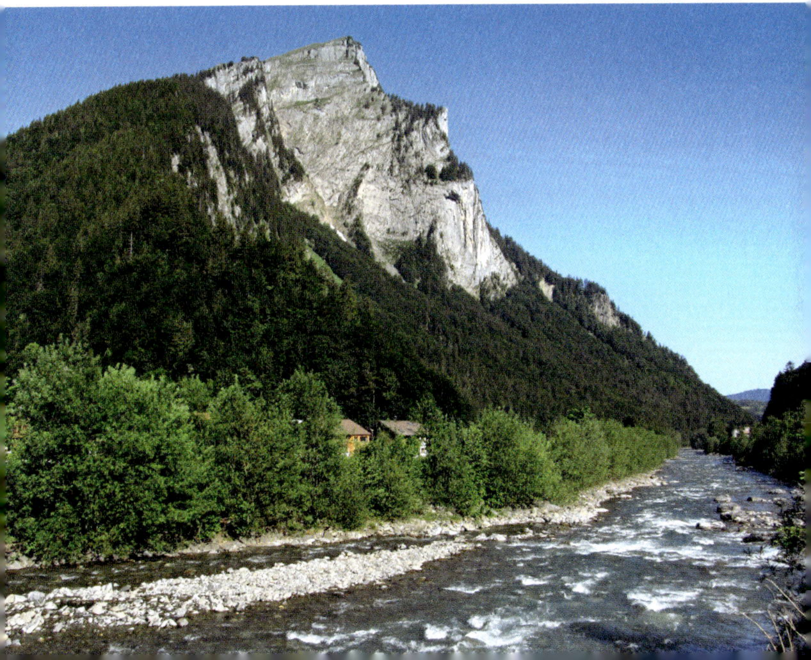

31 Argenbachschlucht, 900 m

2.30 Std.

Dorfspaziergang mit Abstecher in die Unterwelt

Der Charakter dieses Talausflugs über die Auer Auen, die dem einladenden Dorf seinen Namen gegeben haben, ändert sich nach dem Ortsteil Argenzipfel schlagartig. Im feuchten Schlund der Argenbachschlucht empfängt uns ein spannendes Stück Urnatur mit einem brausenden Wasserfall.

Ausgangspunkt: Au, Bushaltestelle an der Kirche in Jaghausen, 791 m; Parkplatz.
Höhenunterschied: 220 m.

Anforderungen: Meist gut beschilderte, teilweise geteerte Güter- und Wanderwege, anfangs Radweg. Sanfte Steigungen.
Einkehr: In Jaghausen und Argenau.

An der Kirche in **Jaghausen (1)** spazieren wir auf der nach Damüls führenden Straße über die Achbrücke und auf dem Radweg Richtung Schoppernau. Über schmale Wiesenauen flussaufwärts bewegen wir uns auf den schlanken Graskegel der Üntschenspitze zu. Bei der ersten Straßenbrücke geht's rechts hinein zum Ortsteil **Argenau (2)**, 815 m, und vor dem Schuhgeschäft links bergauf. An der Bushaltestelle halten wir uns rechts und wandern nach dem Haus 113 auf einem Wirtschaftsweg über sanft geneigtes Grünland.
Zur Rechten erheben sich Klipperen und Kanisfluh, hinter uns Mittagsfluh und Diedamskopf, eine eindrucksvoll schroffe Umgebung. An der Kreuzung nach dem kurz unter einem Skilift hindurchführenden, schmalen Wegstück wählt man den Wirtschaftsweg bergab nach **Argenzipfel (3)**, 820 m.
Wir nehmen nun ein kleines Stück taleinwärts den Gehsteig Richtung Damüls. Vor der Argenbachbrücke zweigen wir auf den mit »Vd. Kriegbödenal-

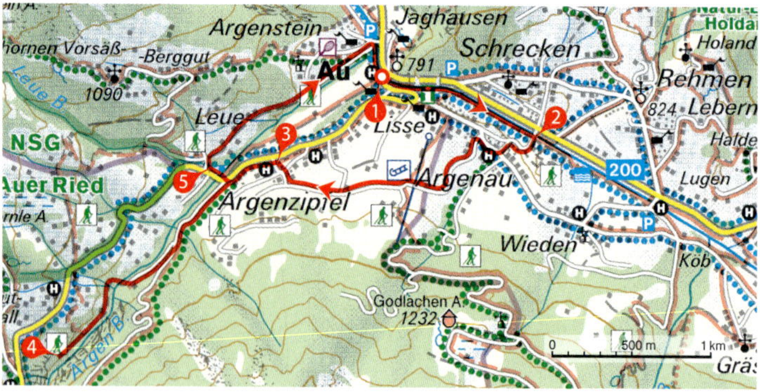

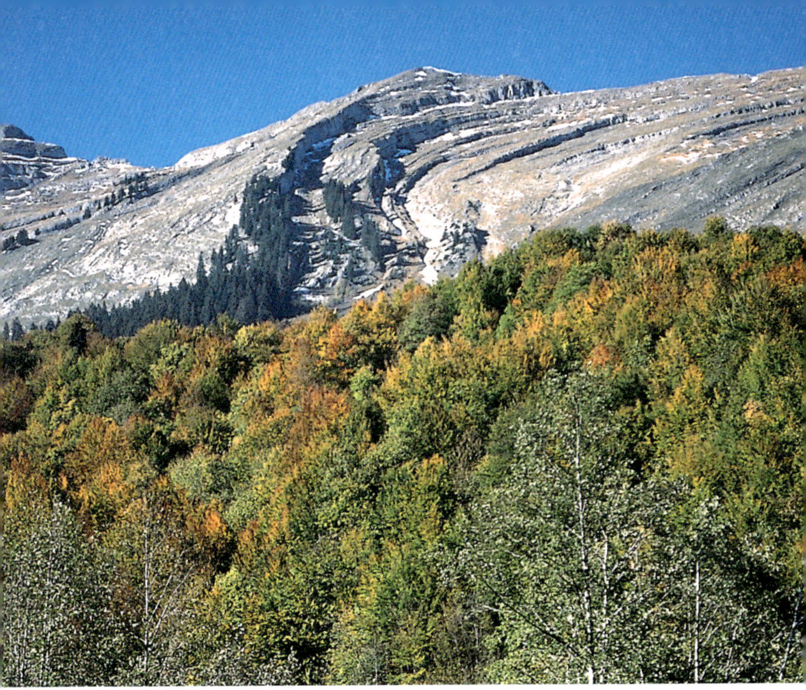

Über der Argenbachschlucht brüstet sich die Kanisfluh.

pe« beschilderten, am Bach durch gemischten Wald leitenden Güterweg ab. Nach Querung eines Zuflusses weist uns der Wegzeiger »Argenbachtal« auf einen breit angelegten Wanderweg.

Bald verengt sich das Tal zur wilden **Argenbachschlucht**. Eine bedrohlich niederstürzende Felsflanke weckt mit raffinierter Schichtstruktur auch in jedem geologisch weniger bewanderten Naturfreund das reinste Entzücken. Unvermittelt endet der begeisternde Schlucht-Exkurs nach einer Flussbiegung in einem finsteren, kühlen Loch **(4)**. Durch einen engen Felsspalt hat sich der hier als Wasserfall stürzende Argenbach unermüdlich ins Felsenbett gesägt.

Auf dem Rückweg gehen wir über die Straßenbrücke und nehmen den Wirtschaftsweg über die Parzelle **Leue (5)**. Der Bach begleitet uns bis **Jaghausen (1)**.

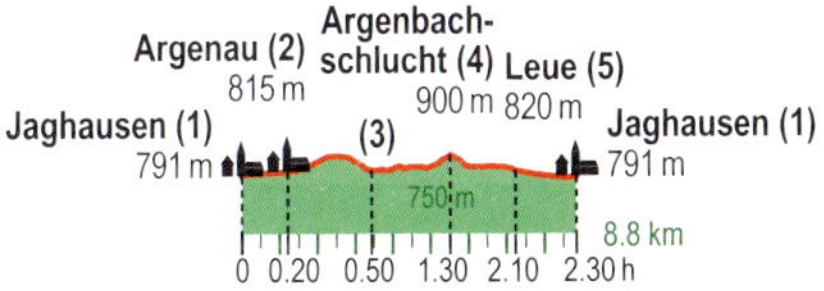

32 Annalper Joch, 1997 m, und Annalper Stock, 2043 m

8.00 Std.

Wo das Lechquellengebirge beginnt

Der lange Kamm von der Lughöhe zum kaum je besuchten Annalper Stock, am Westrand des formenreichen Lechquellengebirges, begeistert den ausdauernden Einsamkeitsliebhaber mit einem exklusiven Bergziel.

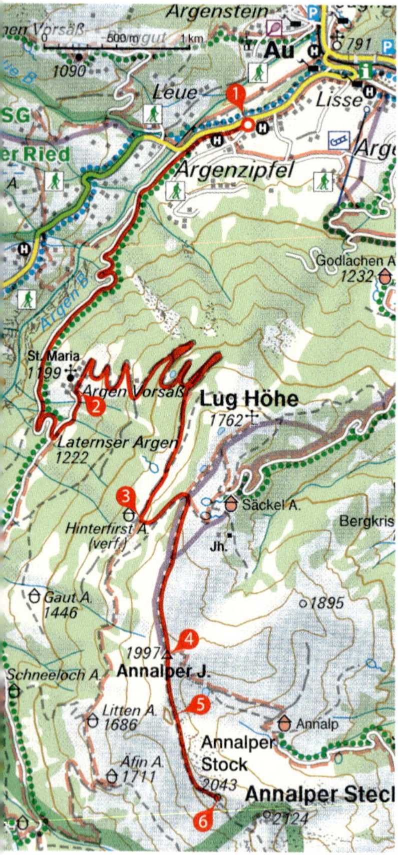

Ausgangspunkt: Au, Bushaltestelle am Haus Kanisfluh in Argenzipfel, 820 m; Parkmöglichkeit taleinwärts an der Argenbachbrücke.
Höhenunterschied: 1360 m.
Anforderungen: Überwiegend bezeichnete Güterwege, Pfade und Steige, zuletzt Steigspuren. Kurze steile Aufstiege, abschüssige Passagen. Trittsicherheit, Schwindelfreiheit und Kondition erforderlich. Nicht bei Nässe!
Einkehr: Keine.

Wir nehmen am Haus Kanisfluh in **Argenzipfel (1)** taleinwärts kurz den Gehsteig Richtung Damüls und biegen vor der Argenbachbrücke auf den mit »Vd. Kriegbödenalpe« beschilderten, durch gemischten Wald leitenden Güterweg ab. In Kehren geht es entlang Felsbarrieren, unter uns die Schlucht des Argenbachs, zuletzt über Weidehänge hinauf zum **Argen-Vorsäß (2)**, 1199 m, mit Kapelle. Auf der anderen Talseite ragen Kanisfluh und Klipperen auf, über dem Faschinajoch Zafernhorn und Glatthorn.
Von den Hütten windet sich der Weg durch Fichtenwald zu einem Viehstall und an einem Tümpel vorbei zur winzigen **Hinterfirstalpe (3)**, 1680 m, empor. Das Schild »Lug« weist auf einen Steig. Der unterschiedlich steile Bergpfad über die begrünte Kammhöhe oberhalb der

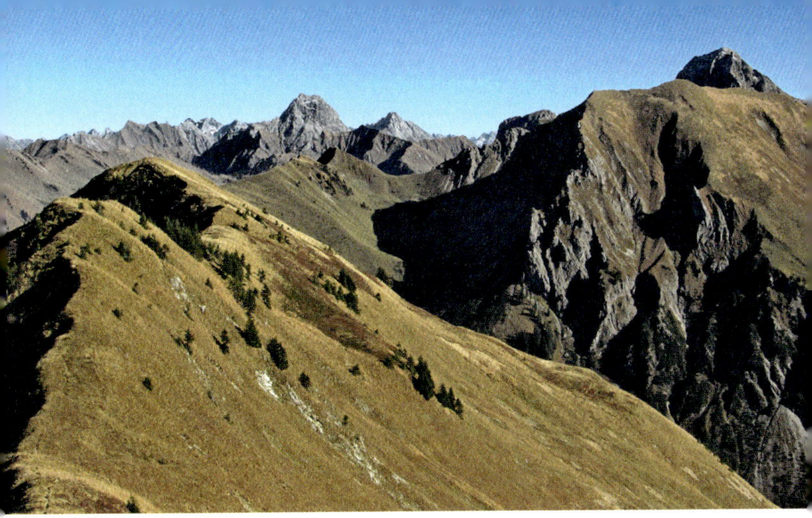

Vom Annalper Joch schaut man hinüber zu den Allgäuer Alpen mit dem mächtigen Widderstein.

Säckelalpe zum **Annalper Joch (4)** bietet eine vortreffliche Schau zum Widderstein, zur Hochkünzelspitze und Mittagspitze sowie in den Rätikon. Das Vieh leistet uns sogar noch auf dem knackigen Steig zu dem nur nach Norden hin ausgeprägten Zwischenziel Gesellschaft. Beeindruckend zeigt sich über der Wanne der Annalpe die Gipfelpartie zum Zitterklapfen.
Steigspuren leiten in leichtem Auf und Ab über den sich verschmälernden, abschüssigen Annalper Grat auf den kühnen Felszahn des Annalper Steckens zu. Nach einer **Zwischenerhebung (5)**, 2010 m, steigen wir über einen Weidehang zu einem Sattel, 1940 m, ab und erreichen ohne Probleme über den Nordwestrücken den **Annalper Stock (6)**. Zurück auf demselben Weg.

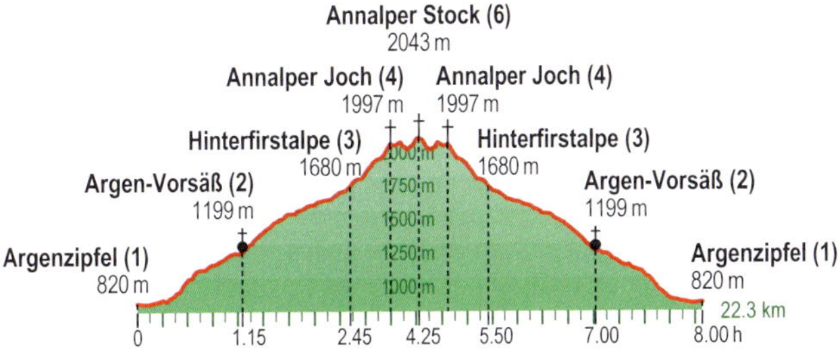

TOP

33 Wildes Gräshorn, 2258 m, und Grünes Gräshorn, 2201 m

7.15 Std.

Luftige Kraxelei für gute Nerven

Diese mit kniffligen Passagen gewürzte Hörnertour richtet sich an klettererfahrene Bergprofis, die ein unzuverlässiger Fels nicht aus der Ruhe bringt.

Ausgangspunkt: Bushaltestelle in Argenwald bei Au, kurz vor dem Ortsbeginn von Damüls-Schwende, 1220 m; Parkplatz.
Höhenunterschied: 1360 m.
Anforderungen: Gut bezeichnete Güterwege, teilweise markierte Pfade, Pfadspuren und Steige, kurze steile Gipfelaufstiege weglos. Einige leichte, aber ausgesetzte, etwas brüchige Kletterstellen (I). Trittsicherheit, Schwindelfreiheit und Orientierungssinn sind unerlässlich. Tour nur für erfahrene Bergwanderer ratsam, nicht bei Nässe oder Nebel!
Einkehr: Keine.

Ein Steig quert von **Argenwald (1)** den Argenbachtobel, 1130 m, zur Äußeren Bödmenalpe, 1221 m. Weiden begleiten den Ziehweg über dem Äfintobel zur **Unteren Gumpenalpe (2)**, 1360 m, und mit Höhenverlust an der Vorderen oder Unteren Kriegbodenalpe vorbei zur Hinteren Kriegbodenalpe, 1546 m. Nach einer Schleife endet der Ziehweg an der **Oberen Kriegbodenalpe (3)**, 1691 m.
Vom Kreuz geht's anfangs auf einem Pfad, später östlich auf Pfadspuren über zunehmend kargere, teils von Latschen bewachsene und weiter oben

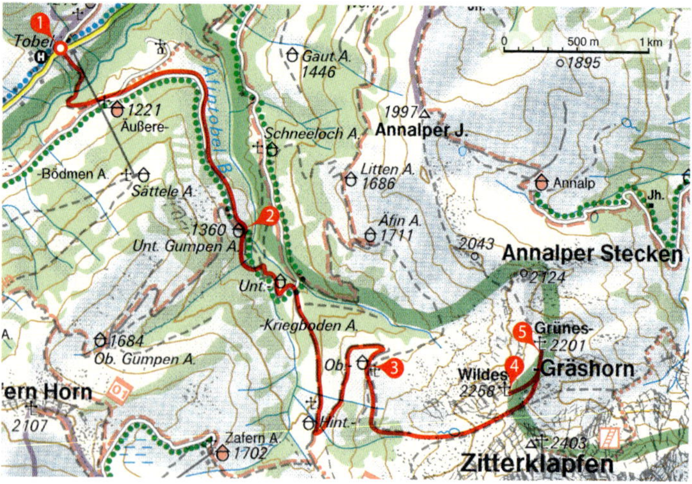

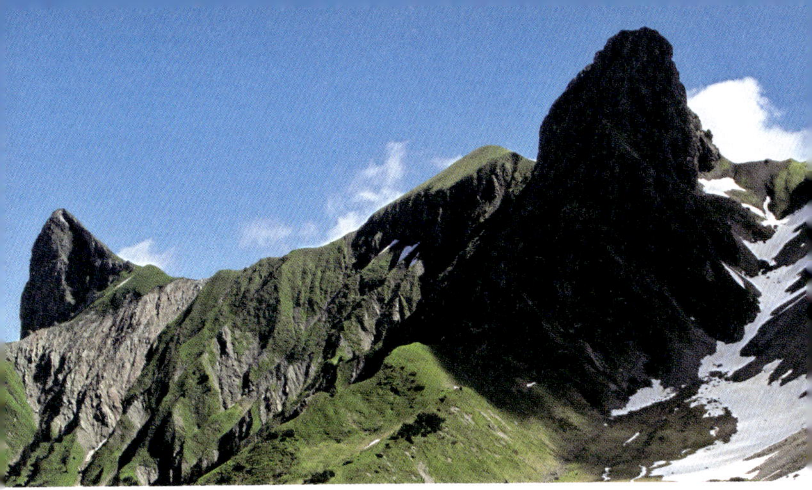

Wildes Gräshorn, einprägsames Gipfelziel für Erfahrene, links davon das Grüne Gräshorn.

flache Weideböden zum Einschnitt zwischen dem ungleichen Gipfelpaar Wildes Gräshorn und Zitterklapfen. Nach einer unbequemen Geröllhalde finden wir an Murmeltier-Behausungen vorbei über einen kleinen Grashang wieder einen markierten Steig vor.

Angesichts der lotrechten Felswände unseres Gipfelziels stehen wir etwas kleinlaut auf dem ausgeprägten Joch, 2150 m. Die mittels eines schmalen Steigleins zu querenden, abschüssigen Geröllbänder sollte sich wirklich nur zutrauen, wer Erfahrung in diesem Gelände hat. Vom Sattel, 2175 m, zwischen den beiden Gräshörnern müht man sich über einen weglosen Steilhang empor. Zuletzt überlistet man in leichter, aber exponierter Kletterei (I) die mitunter brüchigen Gipfelschrofen des nicht besonders geräumigen **Wilden Gräshorns (4)**. Ein gewisser Kitzel ist während des durch die zerborstene Stirn des Zitterklapfens teils behinderten Rundblicks nicht zu leugnen. Nach dem Gipfelabstieg erreicht man vom Sattel ebenfalls weglos, ohne Schwierigkeiten in wenigen Minuten das **Grüne Gräshorn (5)**. Abstieg auf derselben Route.

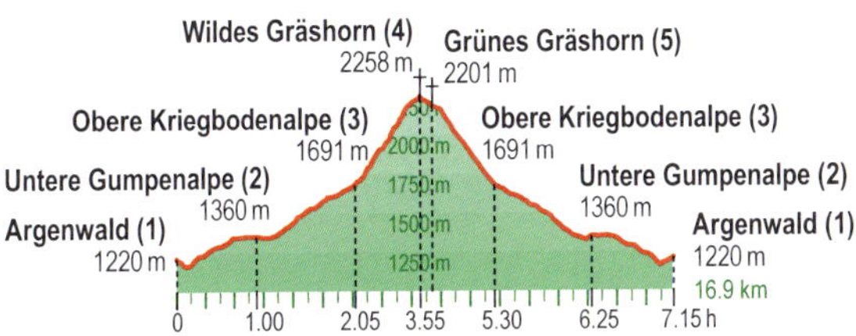

34 Annalpe, 1711 m

5.45 Std.

Sennerei in hochalpiner Umgebung

900 Meter über dem Dorfflecken Au reift ein würziger Bergkäse heran. Wer diese Rarität verkosten möchte, darf allerdings keine Mühe scheuen. Der Weg hinein ins Hochtal des Dürrenbachs zieht sich hin, doch keinesfalls langweilig. Dafür bürgt allein schon ein grundverschiedenes Parade-Gipfelpaar: die ungeheuer massige Nordwand des Zitterklapfens und der scharf geschnittene Felszahn namens Annalper Stecken.

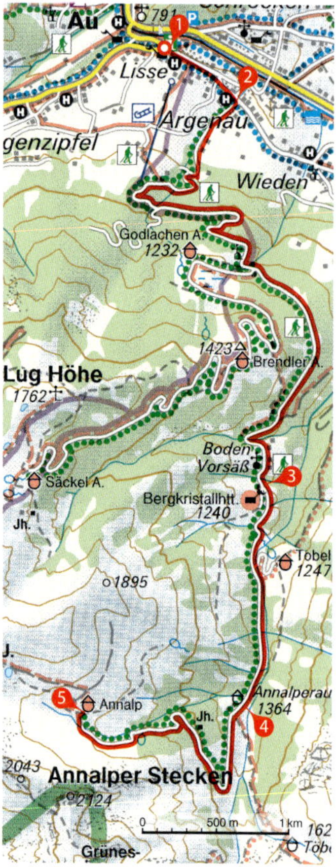

Ausgangspunkt: Au, Bushaltestelle am Gemeindeamt, 815 m; Parkplatz. Zu erreichen Richtung Damüls, in der ersten Kurve links abbiegen.
Höhenunterschied: 980 m.
Anforderungen: Gut beschilderte Güterwege. Mäßige Steigungen.
Einkehr: Argenau, Wirtshaus Bergkristall, Annalpe.

Vom Gemeindeamt in **Au (1)** folgen wir taleinwärts dem Sträßchen, bis im Ortsteil **Argenau (2)** das Schild »Bergkristall Hütte« auf einen anfangs geteerten Güterweg weist. Meist durch Bergwald gewinnen wir rasch an Höhe. An einer Verzweigung bleiben wir der nun gemütlichen Route mit geringem Höhenverlust zum **Wirtshaus Bergkristall (3)**, 1240 m, über dem tief eingeschnittenen Tobel des Dürrenbachs treu. Die beliebte Jausenstation lädt wenig oberhalb der wettergebräunten Hütten des Boden-Vorsäß zu einer Erfrischung. Über der schönen, während der Kriegswirren im Jahre 1945 von Franzosen in Brand gesetzten Kapelle baut sich mit dem Zitterklapfenmassiv ein hochalpiner

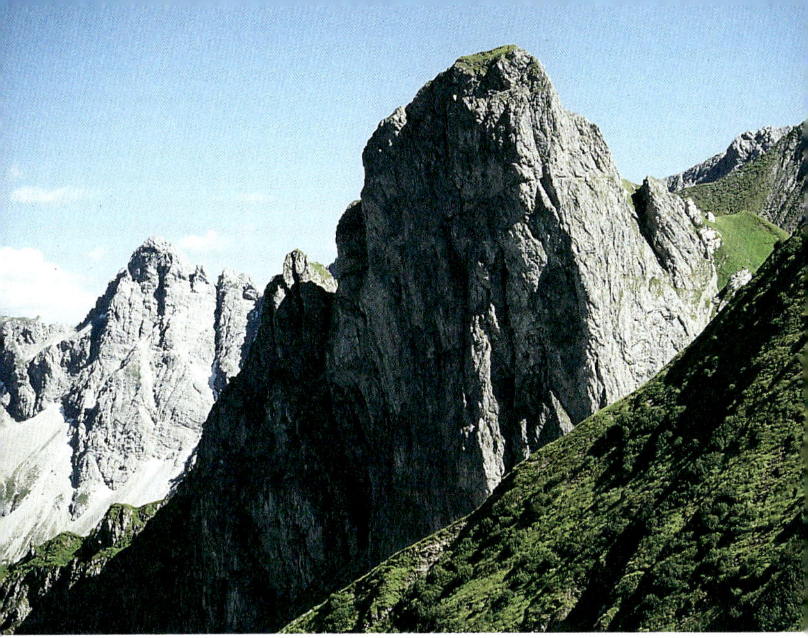

Über der Annalpe steht stolz der kecke Zahn des Annalper Steckens.

Bergkranz auf. Was für Felsen inmitten der leuchtenden Grashörner! Wir folgen weiter der rechten Talseite und nehmen durch Nadelwaldflecken am Wildbach entlang den Aufschwung zur **Annalperaualpe (4)**, 1364 m, in Angriff. Der Güterweg verschmälert sich nach der Alphütte und legt wieder an Steigung zu. Über eine ausholende Rechtsschleife führt er an einer Jagdhütte vorbei. Zuletzt windet er sich in wenigen engen Kehren unterm raffinierten Felszacken des Annalper Steckens hinauf zur weiten Weidemulde bei der **Annalpe (5)** – ein prächtiger Bergwinkel. Der Abstieg erfolgt auf derselben Route.

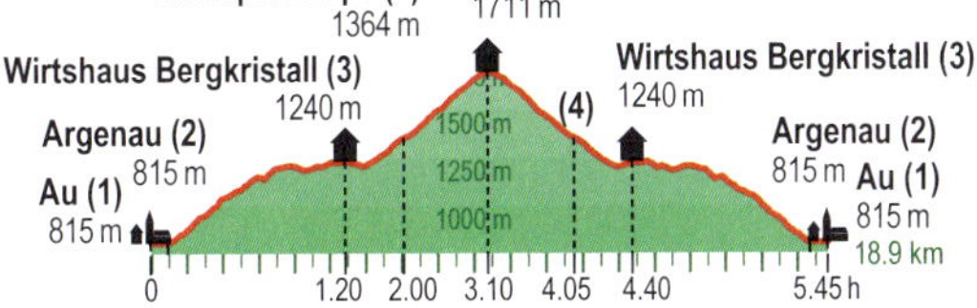

35 Portlerhorn, 2010 m, und Sünserspitze, 2062 m

4.00 Std.

Grasberg-Trio in den westlichen Damülser Bergen

Der Besuch des stillen grünen Gipfel-Kleeblattes über dem anmutigen Sünsersee lässt jedes Bergfreundherz bereits von Anbeginn höher schlagen. Laufend taucht ein neuer Blickfang auf, nah oder fern. Der einzige Schönheitsfehler dieser Tour: Man kann die Furkastraße nicht mit öffentlichen Verkehrsmitteln erreichen.

Ausgangspunkt: Parkplatz an der Furkastraße unter der Alpe Portla bei Damüls, 1700 m.
Höhenunterschied: 570 m.

Anforderungen: Gut bezeichnete Pfade und Steige, anfangs kurzer Güterweg. Kurze steile Anstiege.
Einkehr: Alpe Portla.

Nur ein Katzensprung ist es von der **Furkastraße (1)** auf dem Güterweg zu den in einem Naturschutzgebiet gelegenen Gebäuden der **Alpe Portla (2)**. Hinter dem Glatthornmassiv schaut die wuchtige Rote Wand hervor. Über Weidehänge steigen wir auf dem Freschenweg, einem Pfad, bergan Richtung Gäviser Höhe und halten uns an einer Gabelung rechts zur wenig ausgeprägten Einsattelung **Portlerfürkele (3)**, 1813 m, wo uns bereits eine Ausschau bis in die Silvretta erfreut.

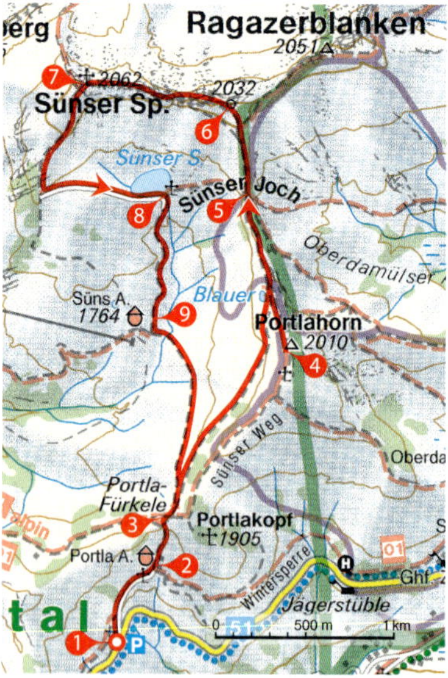

Der obere Pfad zum tiefen Blauen See quert gemütlich den Strauchhang unterm Portlerhorn. Über der Sünsalpe ragt die gleichnamige Spitze auf, im Westen der Freschen und die Matona. Auf einem etwas schrofigen Gratsteig erreichen wir rasch das **Portlerhorn (4)**, einen der »schnellsten« Aussichtsgipfel Vorarlbergs. Besonders fasziniert von hier der Rätikon mit der rassigen Zimba.

Wieder am Blauen See geht's übers **Sünserjoch (5)**, 1911 m, Richtung Sünserspitze – unter uns schimmert der Sünsersee – und zuletzt weglos gerade empor zum runden und grasigen

Sünserkopf (6), 2032 m, auch Hübscher Bühl genannt. Wir müssen nun kurz zurück und folgen dem Pfad über die Grashänge unter der Kammhöhe westlich zur **Sünserspitze (7)**, die ihrem Namen keine besondere Ehre macht. Der nördlich in düsteren Felspartien abstürzende Grasberg nennt sich auch Sünserblanken.

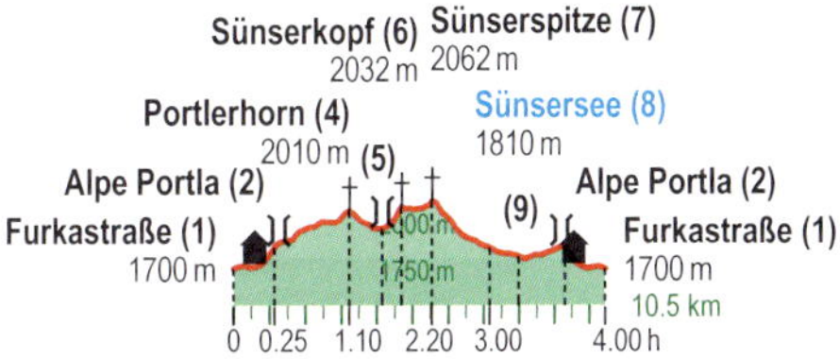

Ein weiter Bogen leitet uns, zwischendurch auf einem Steig, über einen begrünten, im unteren Bereich schmäleren Rücken hinunter zum idyllischen **Sünsersee (8)**, 1810 m. Ein Weidegebiet querend trifft man auf einen flachen Pfad bei der **Sünsalpe (9)**, 1764 m. Nun ist es nicht mehr weit, zwei Bachgräben überschreitend, mit leichtem Gegenanstieg zum Portlerfürkele und auf der bekannten Route zur **Furkastraße (1)**.

Der Startpunkt an der Furkajochstraße.

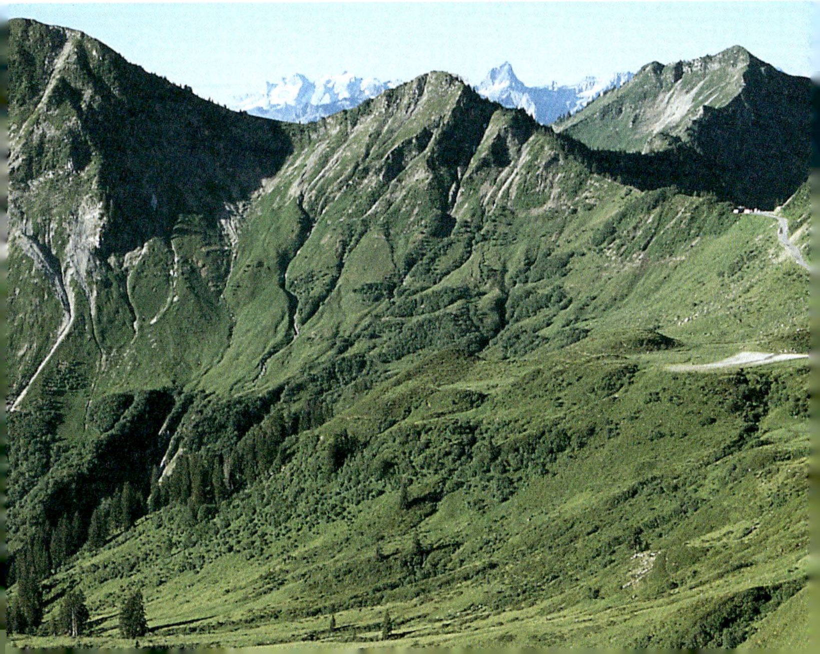

36 Hochblanken, 2068 m, und Ragazerblanken, 2051 m

4.00 Std.

Über zwei Zweitausender und »sieben Hügel«

In der Südwestecke des Bregenzerwaldes gruppieren sich eng im Hufeisen die hohen Berge um Damüls. Mit relativ geringem Aufwand lassen sich dort Gipfel zu schwelgerischen Höhenwanderungen kombinieren.

Ausgangspunkt: Damüls, Bushaltestelle Uga-Seilbahn (Ortsrand), 1370 m; Parkplatz.
Höhenunterschied: 390 m im Anstieg, 850 m im Abstieg.

Anforderungen: Gut bezeichnete Pfade und kleine Güterwegabschnitte. Kurze steile Anstiege.
Einkehr: In Damüls, Berggasthof Elsenalpstube, Berggasthof Ugaalpe.

Von **Damüls (1)** nehmen wir den Uga-Express-Vierersessel zur **Bergstation (2)**, 1830 m, beim Berggasthof Elsenalpstube. Ein Güterweg leitet vorbei am nahen Bergsattel **Ugner Höhe (3)**, 1795 m, mit der Vorderen Ugaalpe und in Richtung Damülser Rundtour zunächst zum **Berggasthof Ugaalpe (4)**, 1822 m. Über Weidegründe führt ein Wanderweg zum Fuß der stolzen Mittagspitze, später unter einem Skilift hindurch und an der Zwischenerhebung Hohes Licht vorbei. Dann geht es auf einem Pfad, ab dem **Hochblankensattel (5)**, 1976 m, steil, zum **Hochblanken (6)**. Weit unter dem dritthöchsten Gipfel des Bregenzerwaldgebirges zwängt sich die Ach durch die Enge bei Reuthe. Über dem Mellental zeichnet der Dornbirner First eine scharfe Gratlinie. Hinter Damüls grüßt die prächtige Rote Wand, auf der einen Seite des Faschinajochs der Zitterklapfen und das Zafernhorn, auf der anderen das königliche Glatthorn.

Von den Sieben Hügeln schaut man zurück zum Hochblanken.

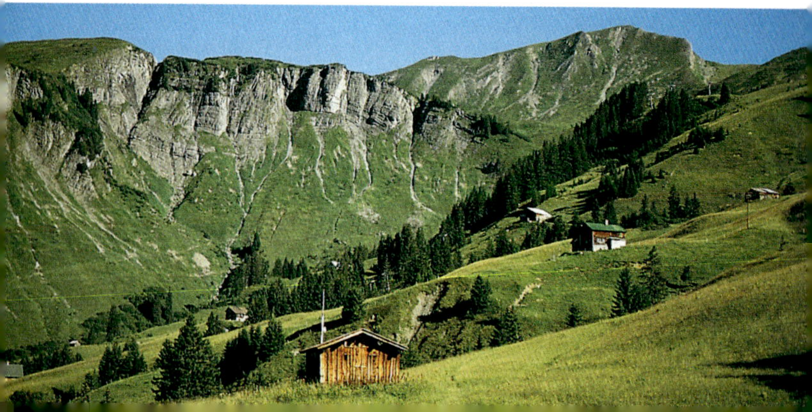

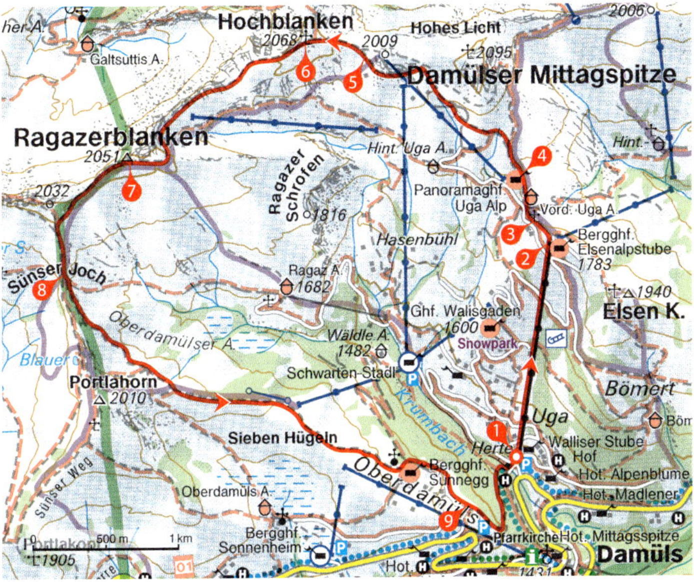

Der Abstieg ist harmlos. Nun folgt der genüssliche Pfad im Großen und Ganzen der recht aussichtsreichen Kammhöhe – die Nordseite wird von Felsbändern geschmückt – und schwingt sich kurz empor zum **Ragazerblanken (7)**, einem eher braven Gesicht. Nach einer weiteren Kammetappe bleibt der Sünserkopf rechts liegen. Wir steigen über dessen Südrücken mit Tiefblick zum Sünsersee hinunter zum **Sünserjoch (8)**, 1911 m.

Jetzt verlässt man links schräg den Bergscheitel und quert die Nordostflanke des Portlerhorns, im weiteren Verlauf flach und mit unbedeutendem Gegenanstieg zu dem bei der Gabelung auf dem Stofel abzweigenden Seitenkamm. Der weiterhin gemütliche Sieben-Hügel-Weg führt über Weideböden, ab dem Sunnegg-Skilift sanft talwärts zu einer kleinen Kapelle. Auf einem Güterweg erreichen wir **Herte (9)**, 1570 m. Dort weist das Schild »Uga Lift« auf einen bergab leitenden Pfad. Auf dem Zügaweg geht es durch Fichtenwald nach **Damüls (1)**.

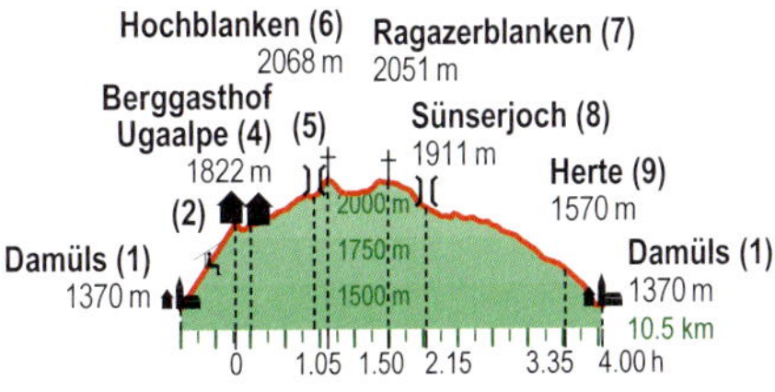

TOP **37**

Damülser Mittagspitze, 2095 m

6.00 Std.

Ein Blickwinkel vom Schwarzwald bis in die Silvretta

Vom markanten Felstrapez über Damüls, der zweithöchsten Erhebung im Bregenzerwaldgebirge, erreicht der Blickradius an klaren Tagen den Schwarzwald und die Schwäbische Alb und natürlich all die Gebirgsgruppen ringsum, von den Allgäuer Alpen über die Silvretta bis zur Schweiz.

Ausgangspunkt: Damüls, Bushaltestelle Uga-Seilbahn (Ortsrand), 1370 m; Parkplatz.
Höhenunterschied: 980 m.
Anforderungen: Gut bezeichnete Güterwege, Pfade und Steige. Sehr steiler, teils seilgesicherter Gipfelaufstieg (Kinder ggf. zusätzlich sichern). Trittsicherheit ist erforderlich, bei Nässe nicht ratsam.
Einkehr: In Damüls, Berggasthof Elsenalpstube, Mittlere Argenalpe, Obernalpe, Wurzachalpe, Kanisalpe, Berggasthof Ugaalpe.

Von **Damüls (1)** nehmen wir den Uga-Express-Vierersessel zur **Bergstation (2)**, 1830 m, beim Berggasthof Elsenalpstube. Ein Güterweg leitet zum **Sattel Ugner Höhe (3)**, 1795 m, mit der Vorderen Ugaalpe und fällt Richtung

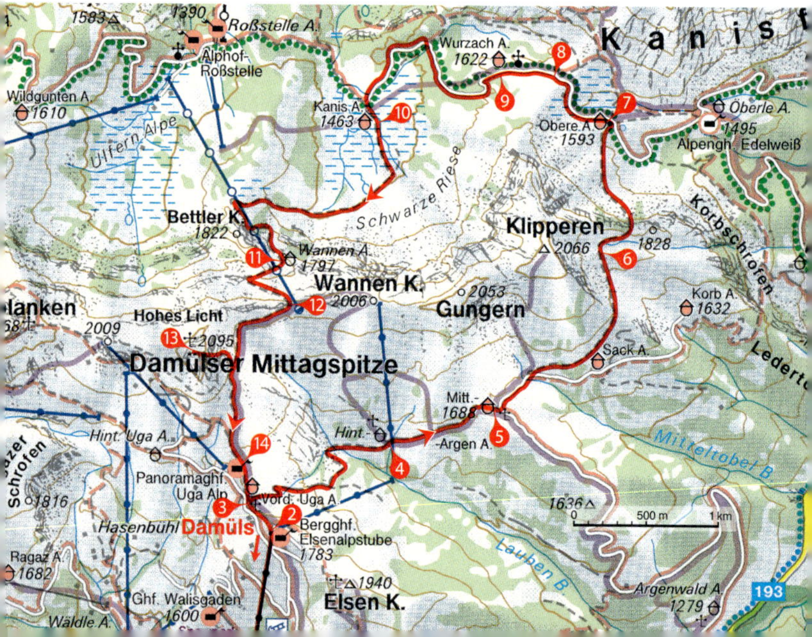

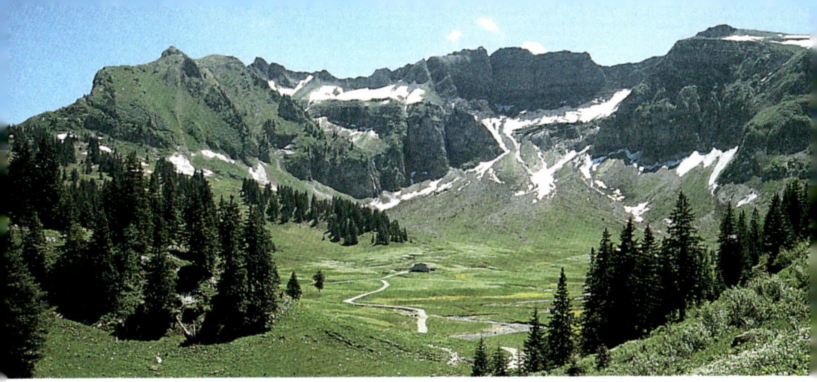

Die märchenhafte Karwanne der Kanisalpe mit Klipperen und Gungern.

Au unter der Mittagspitze zwischen Fichtengruppen über Weideböden ab in ein kleines Hochtal. Er steigt am Fuß von Wannenkopf und Gungern über die **Hintere Argenalpe (4)**, 1667 m, zur **Mittleren Argenalpe (5)**, 1688 m. Kurz dahinter führt ein Pfad Richtung Rossstelle um die Abstürze des Klipperen gemütlich bergan, später schuttdurchzogene Weidehänge querend. Von einer **Bergschulter (6)**, 1820 m, geht's auf einem steilen Steig über einen Strauchhang hinunter zur **Obernalpe (7)**, 1593 m, unter der Kanisfluh. Dort stoßen wir auf einen Güterweg, der uns über den **Sattel (8)**, 1640 m, bei der **Wurzachalpe (9)** und durch lockeren Wald in die romantische Karwanne der **Kanisalpe (10)**, 1463 m, bringt.
Über uns die Schattenseite des Gungern, überwindet der erst flache Pfad Richtung Mittagspitze im Bogen ein Schrofenband zur **Wannenalpe (11)**, 1797 m, in einer winzigen Hochmulde und erreicht wenig später die **Wannenhöhe (12)**, 1910 m. Nach einer flachen Etappe klettert ein sehr steiler Zickzacksteig unter Felsabbrüchen, teils ausgesetzt und seilgesichert, über eine Rasenflanke empor. Auf ihm wollen wir nun, zuoberst entlang des Südgrats, endlich der **Damülser Mittagspitze (13)** aufs Dach steigen. Von dieser ist es dann nicht mehr weit, am **Berggasthof Ugaalpe (14)** vorbei, zur **Bergbahn (2)**, die uns nach **Damüls (1)** schaukelt.

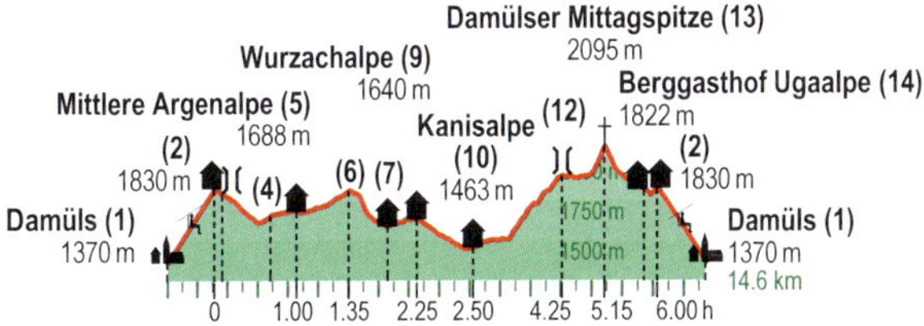

38 Glatthorn, 2134 m

3.45 Std.

König des Bregenzerwaldgebirges

Die Gebietseinteilung des Alpenvereins verleiht dem an der Landschaftsgrenze zum Lechquellengebirge so augenfällig in Erscheinung tretenden Glatthorn mit seiner lawinenträchtigen Westflanke, auch Damülser Horn genannt, den Rang des höchsten Gipfels im Bregenzerwaldgebirge.

Ausgangspunkt: Damüls, Bushaltestelle auf dem Faschinajoch (Gemeinde Fontanella), 1486 m; Parkplatz.
Höhenunterschied: 680 m.
Anforderungen: Gut bezeichnete Pfade und ausgesetzte Steige, kurz Güterweg. Sehr steiler, drahtseilgesicherter Gipfelaufstieg. Trittsicherheit erforderlich, bei Nässe nicht ratsam.
Einkehr: Faschinajoch, Franz-Josef-Hütte.

Wir folgen auf dem **Faschinajoch (1)** beim Sessellift dem unter Lawinenverbauungen über einen bunt blühenden Wiesenhang aufs kecke Glatthorn zu sanft steigenden Pfad. An der **Staffelalpe (2)**, 1537 m, nehmen wir den Güterweg von Faschina in einen mit Liftanlagen strapazierten Alpkessel und kommen nach einer Serpentine zur Oberen Staffelalpe mit der **Franz-Josef-Hütte (3)**, 1699 m, und einem nahen kleinen See. Rückblickend züngelt über dem Dorf wie eine lodernde Grasflamme das Zafernhorn.
Auf in die Einsamkeit! Jenseits des jungen Faschinabachs erkennt man schon den weiteren Routenverlauf über die steile Buschflanke zum Ostgrat. Ein Pfad führt uns später über angenehme Grashänge zum Kamm zwischen dem winzigen Sonnenköpfle und dem Glatthorn. Ab dem Respekt einflößenden Gipfelaufschwung leitet ein durchgehendes Drahtseil (60 Höhenmeter) anregend über den Ostgrat empor zum **Glatthorn (4)**. Der felsige, ausgesetzte Steig ist gut gestuft. Kein Gipfel steht weit und breit, der es wagt, un-

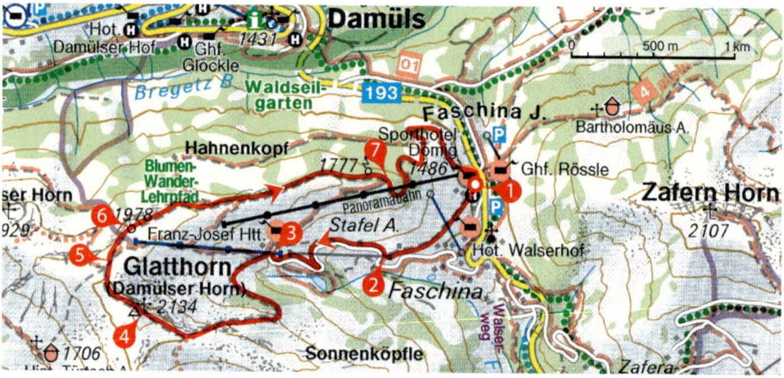

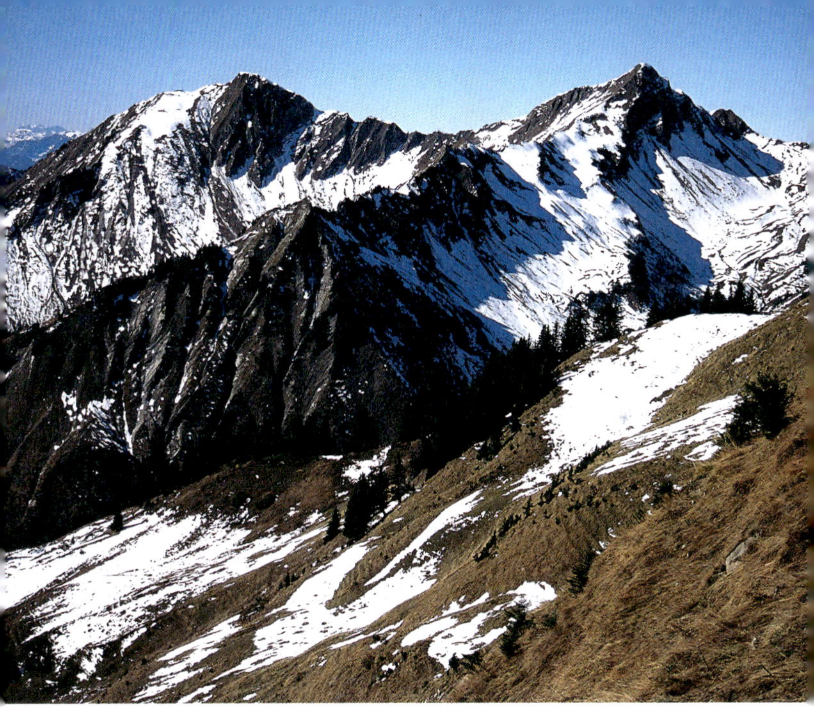

Höchster Gipfel des Bregenzerwaldgebirges: das Glatthorn, links das Türtschhorn.

serer überquellenden Schaulust im Halbkreis zwischen Nordost und Südwest Einhalt zu gebieten. Und besonders das Panorama von Silvretta und Rätikon verlangt nach einer ausgiebigen Siesta.

Wir steigen nun über den ebenfalls grünen und ausgesetzten Nordwestgrat, später Nordgrat, ab zum **Schluchtensattel (5)**,1955 m. Der Blumen-Wander-Lehrpfad erschließt bald den langen und teils etwas schmalen Kammverlauf über das unbedeutende, prächtige Tiefblicke nach Damüls gewährende **Zwölferköpfle (6)**, 1978 m, zum **Hahnenkopf (7)**, 1777 m, mit der Mittelstation der Sesselbahn. Von ihm führt ein Weglein zum **Faschinajoch (1)**.

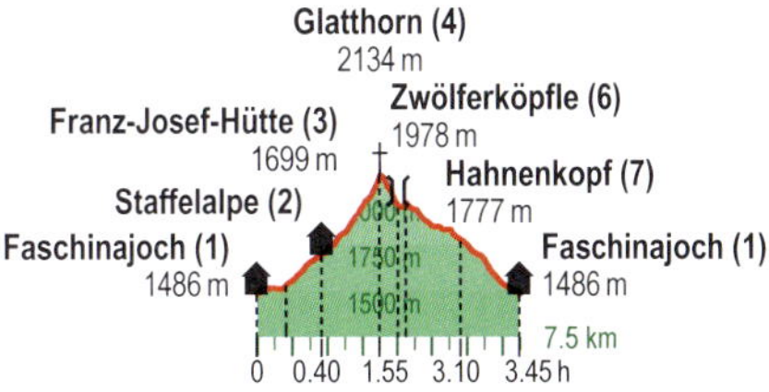

TOP 39 Zafernhorn, 2107 m

4.30 Std.

Schneidige Aussichtswarte mit kurzweiligem Rundweg

Das edel geformte Zafernhorn mit seinen oft scharfen Grasschneiden ist eines der Bindeglieder zwischen den Wanderregionen Bregenzerwald und Großes Walsertal. So zählt zu seinen Vorzügen (wie hohe Ausgangs- und Gipfelhöhe, keine zwingenden Talzugänge, Rundtourenmöglichkeit auf meist bequemen Wegen sowie keinerlei Erschließung durch Berghotels oder Liftanlagen) auch eine informative Ausschau.

Ausgangspunkt: Damüls, Bushaltestelle auf dem Faschinajoch, siehe Tour 38.
Höhenunterschied: 740 m.
Anforderungen: Gut bezeichnete Güterwege, Steige (teils Drahtseile) und Pfade. Kurze steile Aufstiege. Nicht bei Nässe!
Einkehr: Auf dem Faschinajoch, Bartholomäusalpe.

Der vom **Faschinajoch (1)** über einen Strauchhang zum Absatz mit dem Weidegebiet der **Bartholomäusalpe (2)**, 1653 m, steigende Ziehweg schenkt schöne Ausblicke nach Damüls. Dieses Teilstück des Europäischen Fernwanderwegs E 4 alpin (zur Biberacher Hütte) quert unter den Abstürzen des Zafernhorns einen Sturzbach und leitet ab einer Routenverzweigung als Steig über Grashänge um einen Bergsporn. Über der Schlucht des Argenbachs bewachen Kanisfluh und Mittagsfluh das Auer Nadelöhr.
Durch Gebüsch mühen wir uns steil bergauf zur Einsattelung **Gumpener Grätle (3)**, 1830 m, im Nordkamm unseres Ziels, auf dem noch einzelne Fichten stehen. Über dem Kessel der Gumpenalpe sind ein paar Schuttströme zu queren, dann setzt nochmals ein kurzer Steilaufstieg (Drahtseile) über einen Buschgürtel zum Gumpengrätle, 1900 m, im Nordostkamm an, nach dem wir auf den Güterweg von der Zafernalpe stoßen. Eindrucksvoll öffnet sich das Felsentor zwischen Wildem Gräshorn und Zitterklapfen. Jenseits des Großen Walsertals stolziert die Rote Wand.

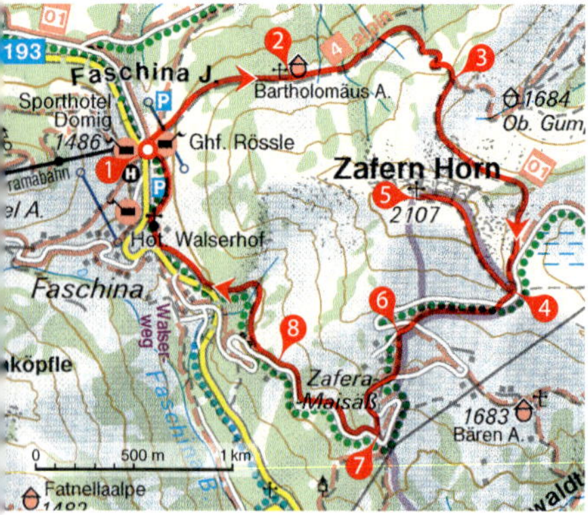

Wir verlassen den E 4 und folgen nach dem Flachstück auf der **Furkla (4)**, 1871 m, mit Kapelle dem Steig über den zu Beginn breiten Südostgrat auf das **Zafernhorn (5)**. Über der Galerie zum Faschinajoch duckt

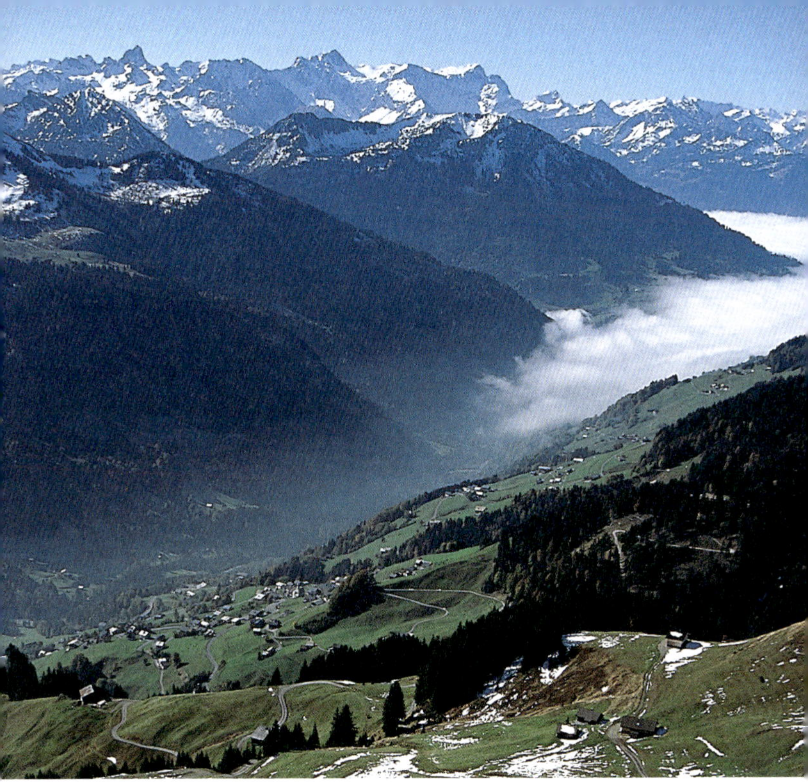

Der Gipfelgang schenkt eine herrliche Sicht übers Große Walsertal in den Rätikon.

sich das winzige Walserkirchlein von Damüls an die sonnige Berglehne, und ringsum reiht sich eine markante Gipfelgestalt an die andere bis zum Piz Buin. Nach dem Abstieg nehmen wir über Alpmatten die Pfadabkürzungen zu den verstreuten Hütten des **Zafern-Maisäß (6)**, 1720 m, und zum **Brüche-Maisäß (7)**, 1574 m. Hinter der versteckten **Oberen Waldalpe (8)** leitet ein meist flacher Pfad über den Stutztobel zurück zum **Faschinajoch (1)**.

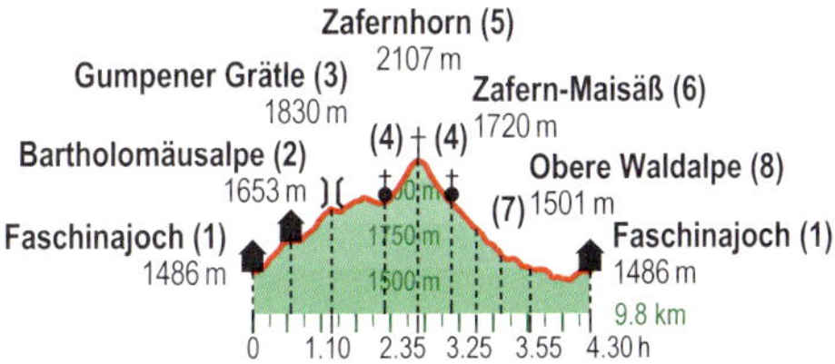

40 Blasenka, 2109 m

5.15 Std.

Hoch über alten Walsersiedlungen

Die Blasenka (auch Hochlicht genannt), von der gewöhnlich nur der kreuzgeschmückte, 2010 m hohe Gratvorsprung besucht wird, ist einer der schönsten Aussichtspunkte für das Große Walsertal. Wilde Wandpartien kleiden die Ostseite dieses schroffen Grasberges. Auf dem Zitterklapfenmassiv-Ausläufer gewinnt man einen vagen Eindruck von der unverwechselbaren, mit großer Mühsal gestalteten Kulturlandschaft der Walser.

Ausgangspunkt: Damüls, Bushaltestelle auf dem Faschinajoch (Gemeinde Fontanella), 1486 m; Parkplatz.
Höhenunterschied: 740 m.
Anforderungen: Bis auf den Schlussaufstieg gut bezeichnete Güterwege, Pfade und stellenweise ausgesetzte Steige (Drahtseil). Längerer steiler Abschnitt.
Einkehr: Nur auf dem Faschinajoch.

Wir folgen auf dem **Faschinajoch (1)** dem Pfad und am Ortsschild unterm Glatthorn dem Ziehweg Richtung Blasenka. Dieser wechselt wenig später in einen meist flachen Pfad. Wieder mal ist es die über ihre Nachbarschaft so erhabene Kalkburg der Roten Wand, die uns gleich nach dem Tourenstart verzaubert. Hinter dem Stutztobel stoßen wir bei der versteckten **Oberen Waldalpe (2)** auf einen Güterweg. Dieser leitet durch Waldstreifen und über kleine Weidehänge leicht steigend zum **Brüche-Maisäß (3)**, 1574 m, auf einem Bergsporn zwischen der Kerbe des Faschinabachs und dem Seewaldtobel. Unter uns öffnet sich das lange Große Walsertal mit den Gemeinden Fontanella und Sonntag.
Wir spazieren nach einer Pfadabkürzung über Alpmatten und erreichen nach der Gabelung bei den verstreuten Zafern-Maisäßhütten die **Bärenalpe (4)**,

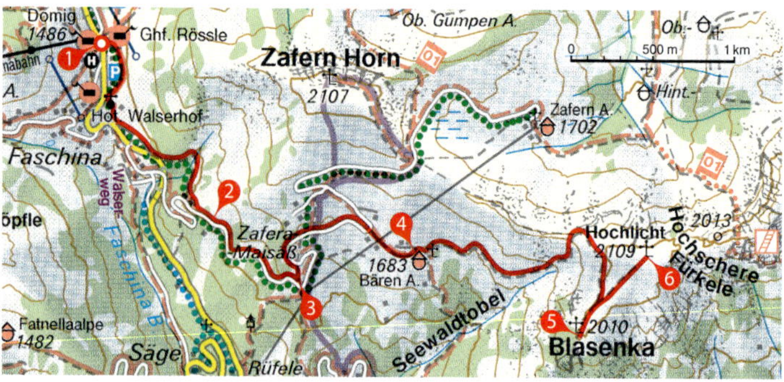

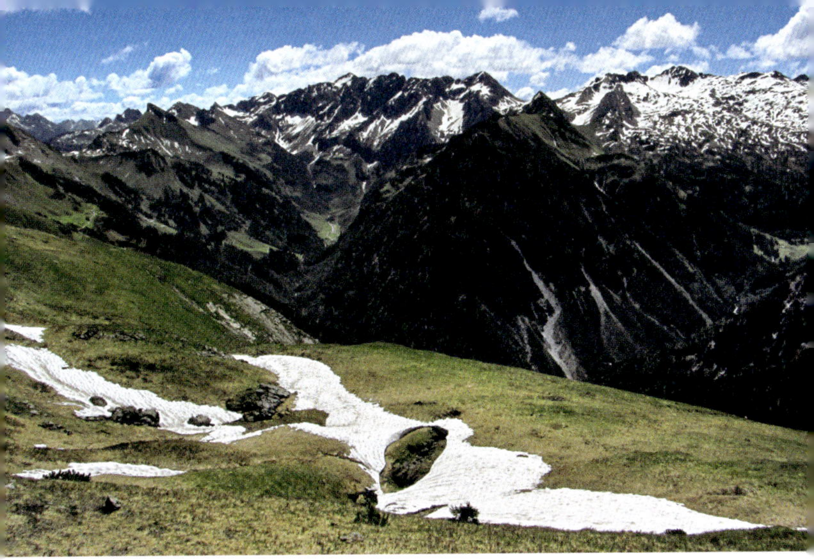

Blasenka-Ausblick zum breiten Massiv der Braunarlspitze.

1683 m, mit Blick zum Seewaldsee. Über steile, lawinengeschundene Hänge, anfangs auf einem drahtseilgesicherten, ausgesetzten Steig Bachrunsen querend, steigt man bald in anstrengenden Steigkehren hinauf zum Blaubeer-Paradies auf dem Westkamm, der hinüber zum Zafernhorn verläuft. Hier wird der Blick frei am Annalper Grat entlang Richtung Bregenzer-Ach-Tal.
Alpenrosen schmücken die zuletzt flache Route unter der Blasenka zum Kreuz auf einem vorgeschobenen **Aussichtspunkt (5)**, 2010 m. Ein unmarkierter Steig führt uns ohne jegliche Probleme über einen aussichtsreichen Grasrücken empor zum Gipfel der **Blasenka (6)**. Den Talschluss umrahmen die Regenten des Lechquellengebirges mit der Braunarlspitze. Aus dem Rätikon grüßen Zimba und Schesaplana. Der Abstieg zurück zum **Faschinajoch (1)** erfolgt auf dem Anstiegsweg.

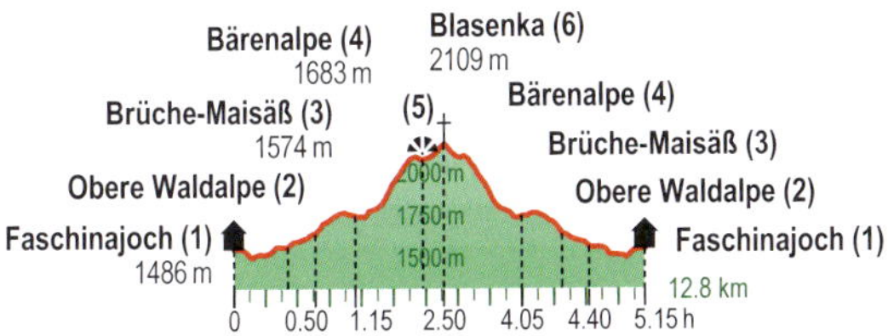

41 Wika-Tobel-Wasserfall, 950 m

2.00 Std.

Eindrucksvolle Spritztour am Dorfrand

Bei Rehmen schieben sich drei Gebirgsgruppen mit rassigen Gipfelgestalten eng an den Schoppernauer Dorfflecken heran: das Bregenzerwaldgebirge, das Lechquellengebirge und die Allgäuer Alpen. Inmitten dieses Formenreichtums lohnen die gischtenden Bergwasser des vom Stoggersattel niederstürzenden Rehmer Bachs einen Besuch.

Ausgangspunkt: Schoppernau, Bushaltestelle am Ortsanfang, 840 m; Parkplatz an der Talstation der Diedamskopf-Bahnen.
Höhenunterschied: 290 m.
Anforderungen: Meist gut bezeichnete Wander- und Fahrwege, Steige, z. T. Pfadspuren. Leichte Anstiege. Orientierungssinn vorteilhaft.
Einkehr: In Schoppernau und Rehmen.

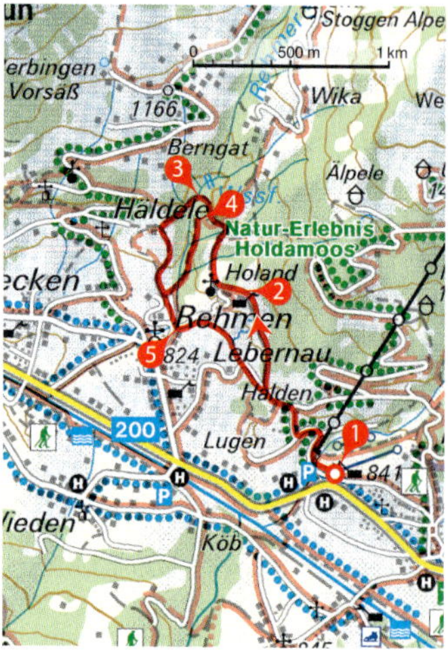

Von den Diedamskopf-Bahnen am Ortsanfang von **Schoppernau (1)** leitet das Sträßchen Richtung Holand über die Brücke des Schrannenbachs und bergauf zum Ortsteil Halde. Als Kleeblatt imponieren im Süden Zitterklapfen, Grünes Gräshorn und Annalper Stecken. Ein kurzer Wanderweg hält auf die zwei Gesichter der Kanisfluh zu, bevor uns ein Fahrweg durch einen Waldfleck und über Weidehänge hinauf zum **Hotel am Holand (2)** bringt (Bewirtung nur für Hausgäste). Von dem vormals alten Wälderhaus ergibt sich ein hübscher Ausblick aufs Auer Talbecken und taleinwärts zur Hochkünzelspitze.

Das Schild »Wikatobel« weist auf einen Wanderweg hinein in den Wald. Auf Dielen überschreiten wir ein Bächlein und steigen über ein paar Holzstufen bergauf. An der Verzweigung auf dem höchsten Punkt, 990 m, der Runde gelangt man ebenfalls gestuft auf einem steilen Steig bergab zum Steg über den Rehmer Bach mit dem rauschenden **Wika-Tobel-Wasserfall (3)**.

Nach unbedeutendem Gegenanstieg mit Querung einer Bachrunse leiten Pfadspuren talwärts über die aussichtsreiche Rehmer Viehweide. Am Ortsbeginn von Rehmen bietet sich noch ein Abstecher über den Rehmer Bach an.

Ein leicht steigender Waldsteig kreuzt eine Bachrinne und schleicht durch den Wikatobel zum Fuß unseres **Wasserfalls (4)**. Oberhalb des einsamen Plätzchens existiert eine Höhle, deren Zugang jedoch wegen Felssturzgefahr gesperrt ist. Zurück in **Rehmen (5)**, 840 m, begeben wir uns auf den geteerten Güterweg Richtung Schoppernau. Am letzten Anwesen führt ein flacher Feldweg oberhalb der Häuser von Lebernau vorbei. Am Kräutergarten beim Natur-Erlebnis Holdamoos stößt man auf den bekannten Kurs nach **Schoppernau (1)**.

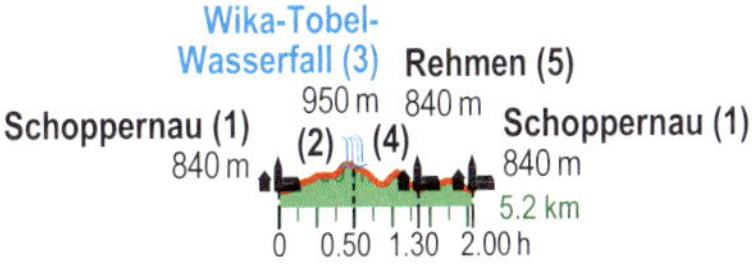

Talweitung von Au mit Klipperen vom Weg zum Wika-Tobel-Wasserfall.

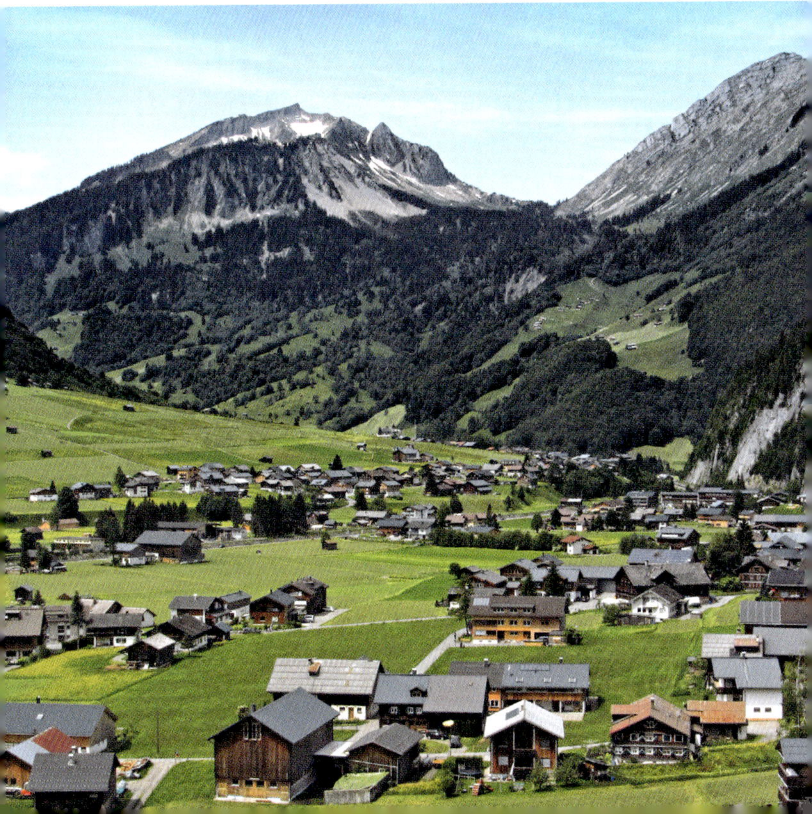

42 Diedamskopf, 2090 m

4.00 Std.

Wandern ab der Bergstation

Der in Grün gehüllte Schoppernauer Hausberg macht's dem Faulen leicht. Wo bekommt man im Hinterwald schon einen 2000er für nicht mal eine viertelstündige Aktion? Dennoch sollte man den anspruchslosen Abstieg, was die Dauer anbelangt, nicht auf die leichte Schulter nehmen.

Ausgangspunkt: Schoppernau, Bushaltestelle am Ortsanfang, 840 m; Parkplatz an den Diedamskopf-Bahnen.
Höhenunterschied: 190 m im Aufstieg, 1370 im Abstieg.

Anforderungen: Gut bez. Wander- und Güterwege. Unbedeutende Anstiege.
Einkehr: In Schoppernau, Gipfelrestaurant, Breitenalpe, Falzalpe, Alpengasthof Neuhornbach.

Die Gondeln der Diedamskopf-Bahnen bringen uns am Ortsanfang von **Schoppernau (1)** im Nu zum Gipfelrestaurant der **Bergstation (2)**, 2020 m. Der Wanderwegaufstieg zum **Diedamskopf (3)**, der nach Norden in jähen Wänden abbricht, ist nicht der Rede wert. Informativ ist die Schau ins nahe Lechquellengebirge mit seinen massigen Felsriesen und in die Allgäuer Alpen. Zurück an der Bergstation wandern wir zum benannten **Aussichtspunkt (4)** mit Tiefblick in den urigen Talschluss der Subersach. Richtung Kreuzle geht's weiterhin gemütlich auf einem gepflegten Wanderweg über Alpweiden bergab zum **Diedamssattel (5)**, 1790 m. Nach kaum nennenswertem Gegenanstieg schwenkt unser Talkurs im Bereich mehrerer Skilifte südlich ab und führt am Falzerkopf vorbei zur **Breitenalpe (6)**, 1662 m.

Über der Öffnung der Argenbachschlucht baut sich der Diedamskopf auf.

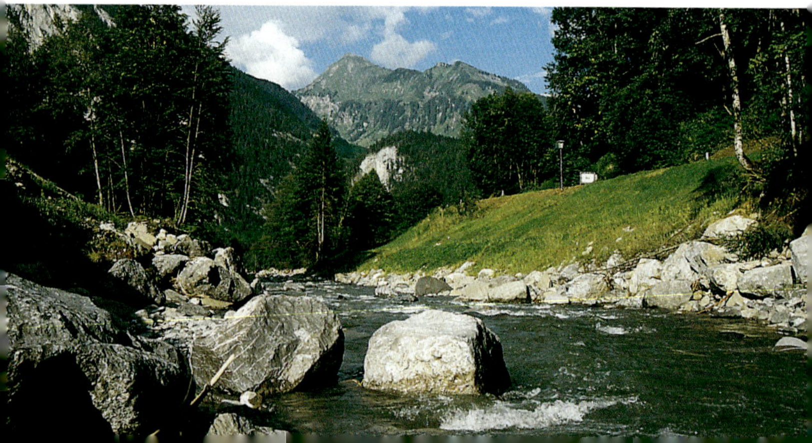

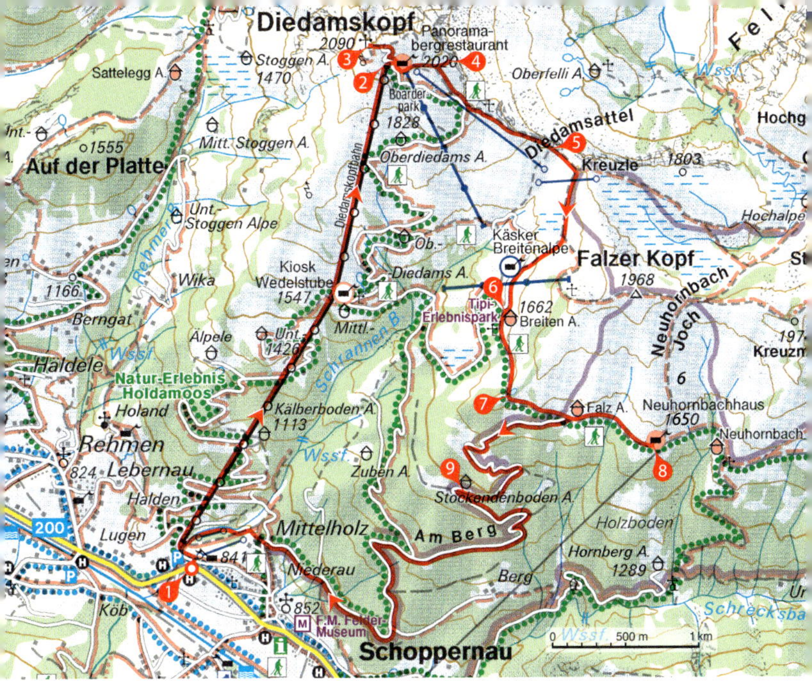

Abermals folgt eine unbedeutende Steigung zum Bergrücken mit dem **Falzersattel (7)**, 1710 m, und dem winzigen Falzersee. Kurz danach beginnt bei der Falzalpe, 1650 m, ein Güterweg. Zuvor queren wir jedoch noch einen Sturzbach und besuchen den nahen, beliebten **Alpengasthof Neuhornbach (8)**, 1650 m. An der Falzalpe geht's dann auf dem Güterweg in vielen Windungen über die **Stockendenbodenalpe (9)**, 1433 m, und durch Wald hinunter nach **Schoppernau (1)**.

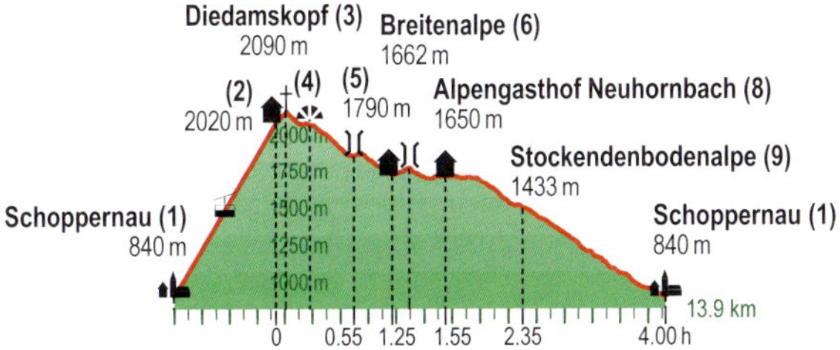

TOP **43**

Üntschenspitze, 2135 m

7.15 Std.

Abweisende Graspyramide – durch die Hintertüre

Hinter den Wälderhäusern Schoppernaus verschmälert sich die Furche der Bregenzer Ach zur Schlucht mit wilden Seitentobeln. Am Ende der Welt fühlt man sich zwischen den bis zu 1200 m hohen Steilflanken. Kein Gedanke an eine Besteigung. Doch ausgerechnet die Üntschenspitze mit ihren himmelstrebenden Graspleisen, majestätische Randgestalt der Allgäuer Alpen, hält dem motivierten Bewerber ein Hintertürchen offen.

Ausgangspunkt: Schoppernau, Bushalt an der Sparkasse, 840 m; Parkplatz.
Höhenunterschied: 1370 m.
Anforderungen: Ausreichend bezeichnete Güterwege und Steige. Kurze steile Anstiege. Bei Nässe nicht empfehlenswert.
Einkehr: Nur in Schoppernau.

Wir nehmen an der Sparkasse in **Schoppernau (1)** den Gehsteig bergan ins Oberdorf und lassen uns vom Wegweiser »Üntschenspitze« den Kurs zeigen. Auf der anderen Seite der Bregenzer Ach besticht das mächtige Massiv der Hochkünzelspitze. Vom Teerende steigt ein Güterweg durch erfrischenden Wald deutlich bergan.

Über einem Wasserfall geht's hinein ins enge Schrecksbachtal. Auch am winzigen Andachtshäuschen unter den Hütten der **Hornbergalpe (2)**, 1289 m, wandern wir geradeaus und halten uns an der Verzweigung nach einem Bachtobel an die Route Richtung Häfnerjoch zum Unteren Lager der Althornbachalpe. Unter dem wallenden Gras- und Gebüschmantel der Üntschenspitze ist es nicht mehr weit zur privaten **Pisialpe (3)**, 1405 m. Immer noch ungläubig mag mancher ehrfurchtsvoll nach oben äugen.

Ein breiter Alpsteig leitet nun mit Querung mehrerer Bachrinnen durch ein Weidegebiet am Schrecksbach-Oberlauf südwärts bergan. Wo dieser ins Der-

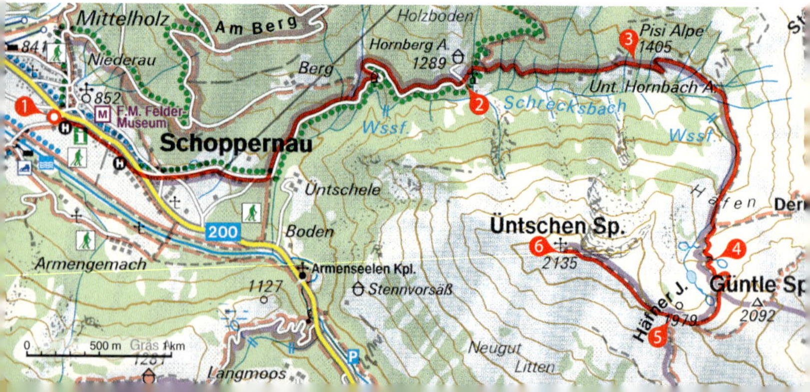

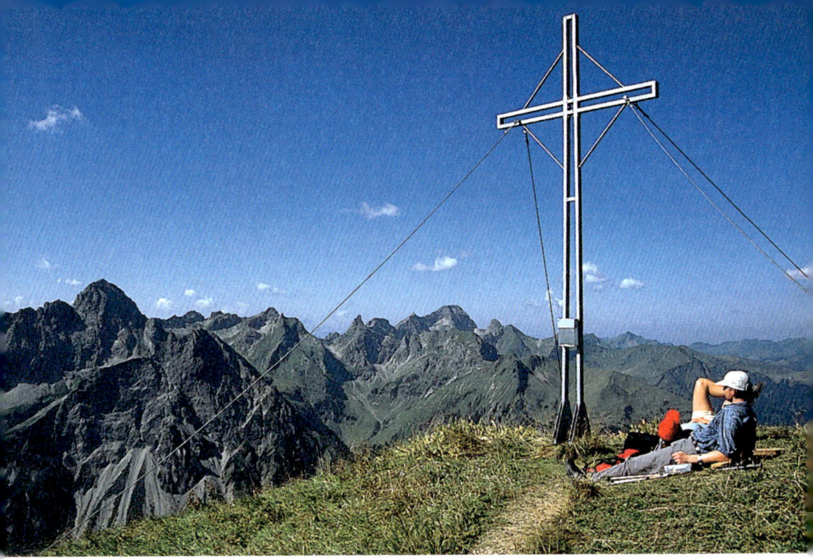

Von der Üntschenspitze: die nahe Hochkünzelspitze und die Berge um den Zitterklapfen.

renjoch abschwenkt, haben wir gerade empor eine Steilstufe zu überwinden und erreichen die Seemulde mit der kleinen **Häfenalpe (4)**, 1820 m. Erst jetzt verliert der Berg an Strenge. Die Route schwingt sich unter der Güntlespitze im Bogen hinauf zum **Häfnerjoch (5)**, 1979 m. Mit ungeheurer Körperfülle riegeln die Pyramide der Hochkünzelspitze und das Trapez des Zitterklapfens den hintersten Bregenzerwald ab. Teils auf dem Grat, teils unterhalb kleiner Aufschwünge gewinnt man in erholsamer Manier den Gipfel der **Üntschenspitze (6)** mit einem Tiefblick der Extraklasse. Der Abstieg erfolgt auf derselben Route.

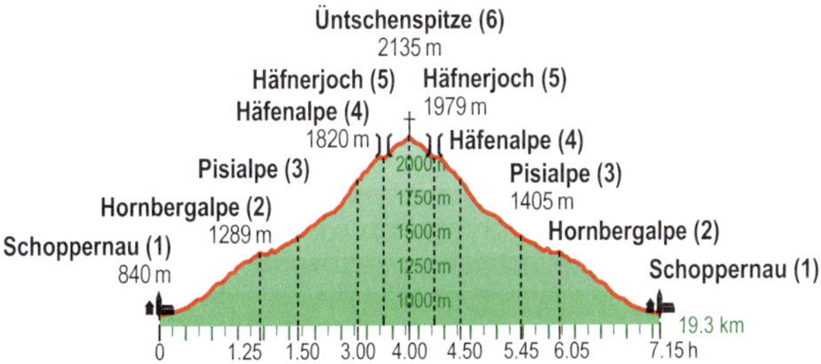

44 Ruchwannekopf, 2179 m

7.45 Std.

Gnadenloser Steilaufstieg zu unbekanntem Gipfel

Nordöstlich des Töbelejochs schlummert über dem Talschluss des Dürrenbachs eine im Vergleich zur erwachsenen Nachbarschaft »pubertierende« Rasenkuppe, deren Nordseite eine recht finstere Grimasse schneidet: der Ruchwannekopf. Der Genuss der recht einprägsamen Tiefblicke ist allerdings nur mit einer gewissen Liebe zur Plagerei erkäuflich.

Ausgangspunkt: Schoppernau, Bushalt an der Sparkasse, 840 m; Parkplatz.
Höhenunterschied: 1460 m.
Anforderungen: Gut bezeichnete Güter- und Wanderwege, Pfade und Steige, kurzer Gipfelaufstieg weglos. Lange, sehr steile Etappe. Kondition ist erforderlich.
Einkehr: In Schoppernau, Wirtshaus Bergkristall.

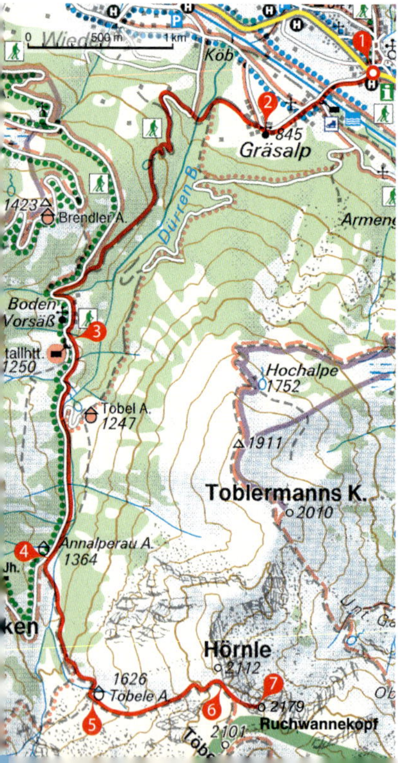

Bei der Sparkasse in **Schoppernau (1)** weist uns das Schild »Gräsalp« über die Bregenzer Ach und im Ortsteil **Gräsalp (2)** das Täfelchen »Bodenvorsäß« auf einen Wanderweg. Nach der Bachbrücke windet sich ein Güterweg, zwischendurch wieder ein Wanderweg, über dem Dürrenbachtobel bergauf zum etwas abseits des Boden-Vorsäß stehenden **Wirtshaus Bergkristall (3)**, 1240 m.
Wir folgen über Weidelichtungen weiter der rechten Talseite am Wildbach entlang zur **Annalperaualpe (4)**, 1364 m. Dort richten wir uns nach dem Wegweiser »Schadonapaß« und überschreiten zwischen Bachgräben auf einem Pfad die Waldgrenze. Gleich darauf ist die **Töbelealpe (5)**, 1626 m, unter den namenlosen und dennoch mächtig beeindruckenden Trabanten des Zitterklapfens erreicht. Der nun im Bogen über teils schuttige, gnadenlose Steilhänge emporkletternde Steig lockt uns so manche Schweißperle

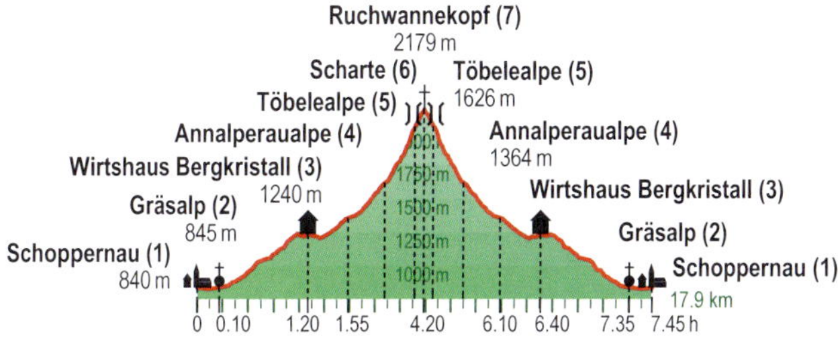

auf die Stirn. In einer **Scharte (6)**, 2050 m, ist eine Verschnaufpause fast unausweichlich. Über dem hintersten Bregenzer-Ach-Tal besticht der wuchtige Widderstein.

Nach einer kleinen Zwischenerhebung (Markierungsstange) verlässt man den Steig links und steigt über weglose, nochmals ein wenig anstrengende Rasenhänge zum **Ruchwannekopf (7)** auf. Im Süden fesselt der Talschluss des Großen Walsertals. Dahinter schlägt um die Göppinger Hütte das Herz des Lechquellengebirges. Da türmen sich Dolomitburgen mit wahrer Größe. Der Abstieg erfolgt auf derselben Route.

Die Nachbarn stehlen dem grünen Ruchwannekopf (links, im Vordergrund) die Schau.

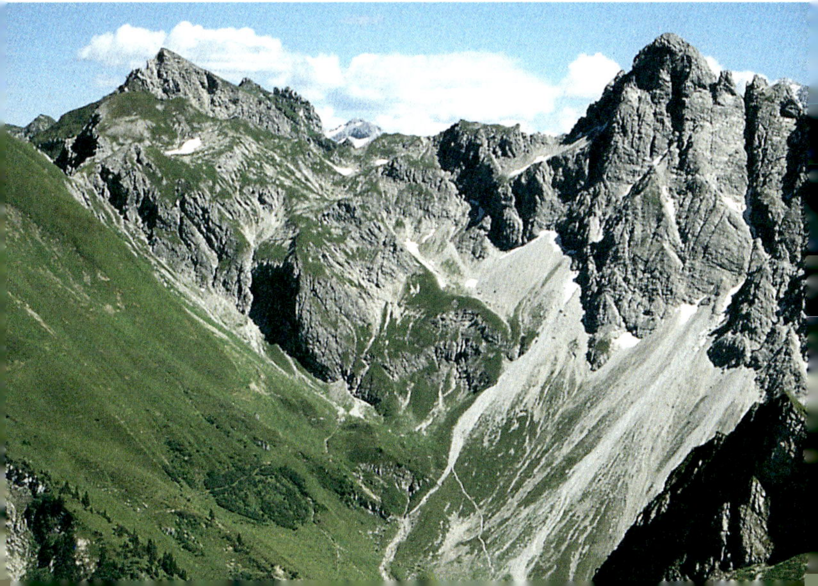

45 Toblermannskopf, 2010 m

6.30 Std.

Liebe auf den zweiten Blick

Die wenig begangene Rundtour über den vom Tal aus nicht besonders ansprechenden Toblermannskopf, der kleinlaut der hochnäsigen Üntschenspitze gegenübersteht, erweist sich erst nach und nach als besondere Unternehmung. Über 100 Blumenarten hat der Alpenverein auf einer botanischen Wanderung am Nordrücken des stillen Grasbergs bestimmt.

Ausgangspunkt: Schoppernau, E-Werk hinter dem Bundesstraßen-Tunnel 1 km nach dem Dorf, 900 m; Parkplatz.
Höhenunterschied: 1150 m.

Anforderungen: Teilweise dürftig bezeichnete Pfade, Steige, Steigspuren und Güterwege. Kurze steile Aufstiege.
Einkehr: Oberschalzbachalpe.

Wir folgen am **E-Werk (1)** hinter **Schoppernau** dem über dem Sennauer Bach (mit Wasserfall) anfangs kurvigen Güterweg, Richtung Toblermann beschildert, hinauf zur **Gräsalpe (2)**, 1281 m. Hinter uns macht die Üntschenspitze eine rassige Figur. Stets über teils feuchte Alpweiden bummelnd, vorbei an einzelnen Fichten, führt uns der mitunter schmierige und undeutliche Pfad zur **Hochalpe (3)**, 1752 m, am Nordrücken des Toblermannskopfs. Unter uns die anmutigen Auen des Bregenzer-Ach-Tals.
Man bleibt auf Steigspuren weiter dem dürftig markierten Rücken mit der im Frühsommer üppigen und artenreichen Flora treu bis zu einer **Schulter (4)**, 1911 m. Der nun ansetzende Pfad auf einem Graskamm steigt nur noch sanft zum **Vorgipfel (5)**, 1995 m. Nach dem Abstieg in einen Sattel halten wir

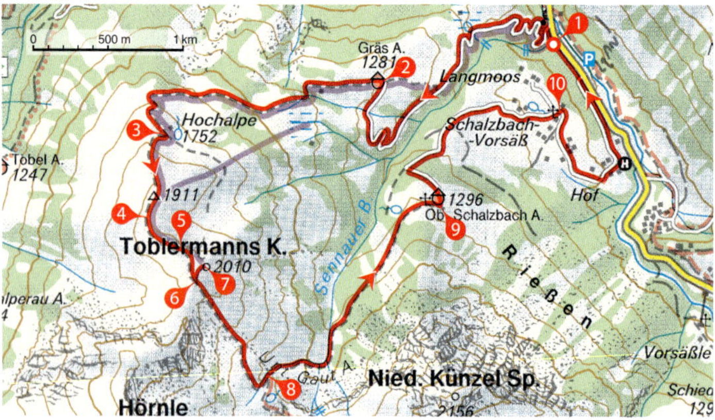

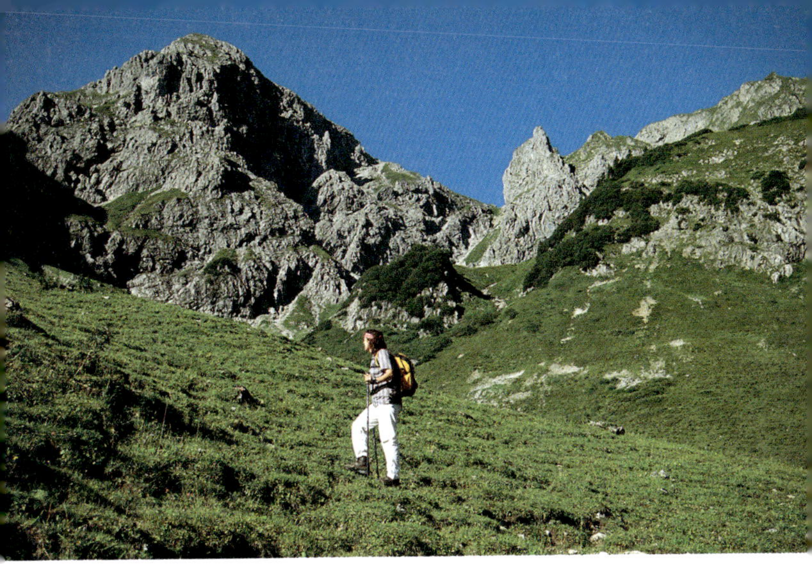

Felsturm über der Unteren Gautalpe.

uns westlich des Gipfels ins **Toblermannsjoch (6)**, 1960 m, und erreichen auf Steigspuren von Süden her den **Toblermannskopf (7)**. Das einzigartige, in mächtigen, zerborstenen Wänden abstürzende Fels-Duo Niedere Künzelspitze und Hochkünzelspitze steht zum Greifen nah. Wen stört's jetzt noch, dass der Berg vom Tal aus nichts Besonderes hermacht?

Zurück am Joch **(6)** wählen wir den deutlich markierten Serpentinensteig durch die mitunter von Lawinen geschundene, südöstliche Gras-Steilwanne auf die Hochkünzelspitze zu. Nach der Querung zweier Bachrinnen in der urigen Hochmulde bei der **Unteren Gautalpe (8)**, in die ein Wasserfall niederstürzt, leitet ein gemütlicher Ziehweg unter den Abbrüchen der Niederen Künzelspitze durch einen Waldstreifen und ein kleines Pfadstück zu der **Oberschalzbachalpe (9)**, 1296 m. Dort nimmt uns ein Güterweg auf, der nach einem weiteren Waldstück an den Hütten des **Schalzbach-Vorsäß (10)**, 1060 m, vorbei zurück zum **E-Werk (1)** bei **Schoppernau** leitet.

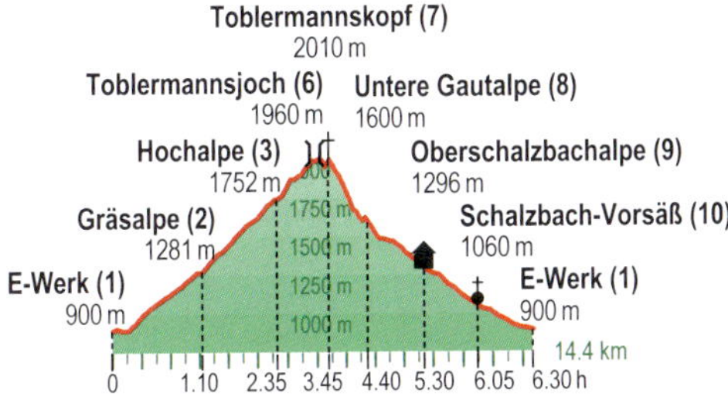

46 Vorderüntschenalpe, 1757 m

4.00 Std.

Aussichtsbalkon über der jungen Bregenzer Ach

»Jauchzen kann man hoch oben. Es wird einem wunderbar wohl.« Dieses Glücksempfinden entstammt der Autobiografie »Aus meinem Leben« des in Schoppernau gebürtigen Heimatdichters Franz Michael Felder. Auch während des gepflegten Höhersteigens zur Vorderüntschenalpe verspürt man die frische Kraft der ursprünglichen Bergnatur und am Ziel die unbeschwerten Freuden des Hochobenseins.

Ausgangspunkt: Vorderhopfreben, Bushaltestelle Schalzbach, an der zweiten Bregenzer-Ach-Brücke hinter dem Bundesstraßen-Tunnel 1 km nach Schoppernau, 923 m; Parkplatz.

Höhenunterschied: 870 m.
Anforderungen: Teilweise beschilderte Güterwege. Anhaltend mittelsteiler Aufstieg.
Einkehr: Keine.

Bei der **Bushaltestelle Schalzbach (1)** dirigiert uns der Wanderwegweiser »Häfnerjoch« auf einen Güterweg. Dieser führt an der Ansiedlung **Vorderhopfreben** vorbei. An der Weggabel nach einem Hüttchen beachten wir das Schild »Üntschenbergalpe«. Die Steigung, teils durch Mischwald, teils über kleine Weidelichtungen, hinauf zum **Üntschenberg-Vorsäß (2)**, 1249 m, bringt den Kreislauf trotz des bequemen Weges ordentlich in Schwung. Jenseits des wilden Gebirgstals begeistert die wohlgeformte Hochkünzelspitze und ihre Geröllströme niederspuckende kleine Schwester.
An der folgenden Gabelung halten wir uns links und an der Verzweigung gleich darauf rechts. Windung reiht sich an Windung, Erholungspassage

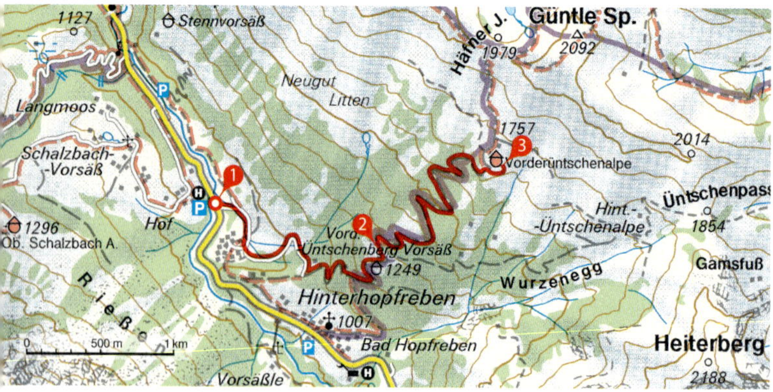

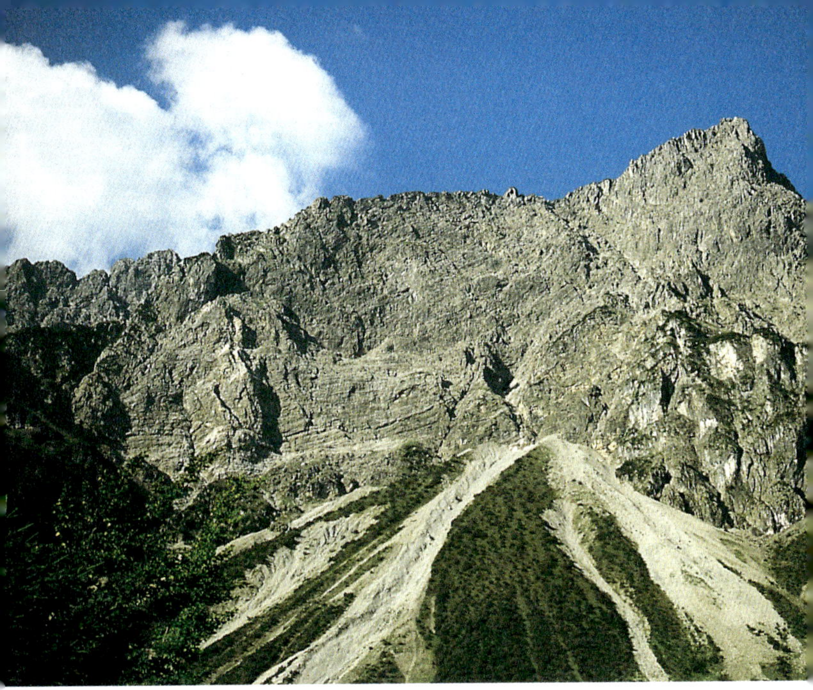

Niedere Künzelspitze während des Aufstiegs zur Vorderüntschenalpe.

steht leider keine in Aussicht. Doch mit einem gelassenen Gehrhythmus und solch prächtigen Ausblicken lässt sich die Angelegenheit auch von untrainierten Bergwanderern meistern.
Bei einer Wildfütterung wendet man sich abermals rechts und erreicht auf dem nach oben hin raueren Weg, bis zuletzt mit anhaltenden Steigungsprozenten, die **Vorderüntschenalpe (3)**. Mit ein bisschen Glück kann man von hier oben einen Adler kreisen sehen. Früher horsteten in dieser Gegend in Nischen und auf Felsvorsprüngen viele der majestätischen Greifvögel. Weil sie sich gelegentlich auch mal ein neugeborenes Schaf genehmigten, galten die Könige der Lüfte bei den Schäfern eher als Plage. Zurück geht es auf dem Anstiegsweg.

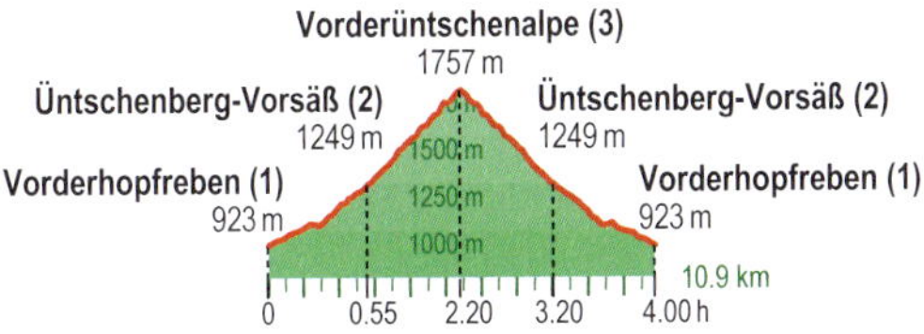

47 Wannealpe, 1810 m

3.15 Std.

Im hintersten Winkel des Hinterwaldes

Für Schwärmer einsamer Unternehmungen wartet die kleine Entdeckungstour zur versteckten Hochwanne unter dem grünen Heiterberg mit einem wahren Genießerplätzchen auf. Hier muss der Älpler seine sieben Sachen noch wie in der guten alten Zeit im Schweiße seines Angesichts auf dem Rücken heraufschleppen.

Ausgangspunkt: Schröcken, Bushaltestelle an der Tannbergbrücke am Ortsanfang, 1210 m; Parkplatz im Ortsteil Oberboden.

Höhenunterschied: 620 m.
Anforderungen: Meist gut bezeichnete Güterwege und Steige. Kurzer Steilaufstieg.
Einkehr: Nur in Schröcken.

An der Tannbergbrücke über den Schröckbach, am Ortsanfang von **Schröcken (1)**, führt ein verkehrsfreies Sträßchen kurz bergauf zum Ortsteil Oberboden. Unter einem Hang mit Lawinenverbauungen vorbeispazierend erfreut man sich bereits der schönsten Ausblicke zur beleibten Mohnenfluh und zu den wüsten Tobeln des Hochbergs über den Quellwassern der Bre-

Die Geiersbergalpe im hintersten Bregenzer-Ach-Tal.

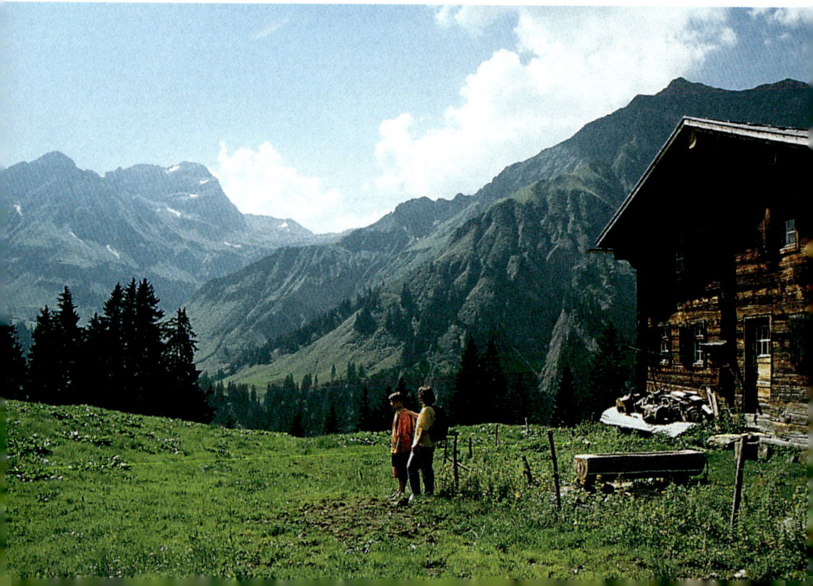

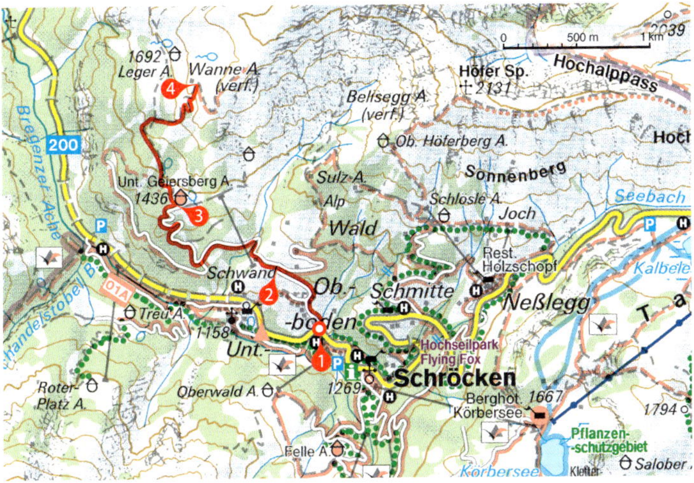

genzer Ach. Auch die schönen Felsspitzen um den Schadonapass lenken den Blick auf sich.

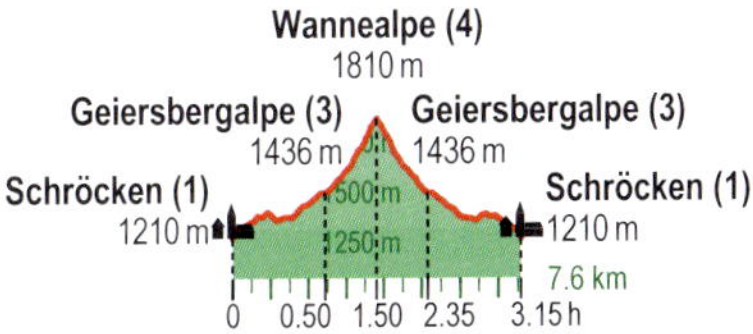

Bei den Höfen von **Schwand (2)**, 1320 m, folgen wir dem anfangs flachen Güterweg Richtung Geiersberg. Ein Steg trägt uns trockenen Fußes über einen Wildbach, der hier aus der Zwangsjacke des Sulztobels hervorquillt. Ab einer Verzweigung beginnt der Weg in engen Kehren zu steigen. Durch lockeren Wald geht's zur **Geiersbergalpe (3)**, 1436 m, einer wettergebräunten, uralten Hütte. Über dem Tannberg ragen Höferspitze und Karhorn auf.

Der linke Ziehweg Richtung Wanne wechselt im Geiersbergwald in einen Steig. Kurz bevor wir das Weidegebiet mit der kleinen Hütte der Lägeralpe betreten, ist an einer Gabelung auf den Wegweiser »Wanne« zu achten. Zwischen zwei Felsriegeln schwingt sich schließlich ein wadenschindender Grassteig über die Waldgrenze empor zur **Wannealpe (4)**, weit abseits der Modeziele.

Gleich hinter dem Hüttchen versteckt sich in der Weidewanne unter dem Heiterberg ein winziger, wohl bald schon zum Verlanden verurteilter See. Über dem Hochberg ist gerade noch der Gipfel der Braunarlspitze zu sehen, und draußen im Tal zeigt sich die Felsenge von Au. Zurück nach **Schröcken (1)** geht es auf demselben Weg.

48 Höferspitze, 2131 m

2.45 Std.

Auf schwindelndem Blumengrat über dem Tannberg

Auf dem märchenhaften Höfergrat am Südrand der Allgäuer Alpen streicht das Auge immer wieder verwundert über die unter uns mit der Neigung einer Skiflugschanze abfallenden früheren Mähder des Sonnenbergs. Unglaublich, dass die Walser mit ihrer beispielslosen Zähigkeit aus diesen abweisenden Planken das Bergheu heruntergeholt haben.

Talort: Schröcken.
Ausgangspunkt: Hochkrumbach (Gemeinde Warth) auf dem Hochtannbergpass, Bushaltestelle beim Berghaus Adler, 1666 m; Parkplatz.

Höhenunterschied: 470 m.
Anforderungen: Ausreichend bezeichnete, mitunter ausgesetzte Pfade. Steile Aufschwünge. Vorsicht bei Nässe!
Einkehr: Nur in Hochkrumbach.

Gegenüber der Bushaltestelle beim Berghaus Adler in **Hochkrumbach (1)** zweigt am Westufer des Bärguntbachs ein Pfad ab, der über den Hochalppass nach Baad im Kleinwalsertal führt. In kraftsparender Steigung überwinden wir über einen Weidehang den ersten Steilaufschwung zu einem **Kreuz (2)**, 1825 m. Über den auffallend strukturierten Bergmatten der Krumbacher Halde erkennt man den Normalaufstieg zum bulligen Widderstein. Auf der anderen Seite der Hochtannbergstraße mit dem stattlichen Karhorn leuchtet der verträumte Kalbelesee.
An einer Verzweigung verlassen wir die Verbindung ins Allgäu. Man folgt nun einfach immer dem gemütlichen Kamm über den lawinenträchtigen, runsendurchzogenen Steilgrasflanken des Sonnenbergs zum ersten Hochpunkt auf dem nordseitig über einen Felsriegel ins Bärgunttal abstürzenden

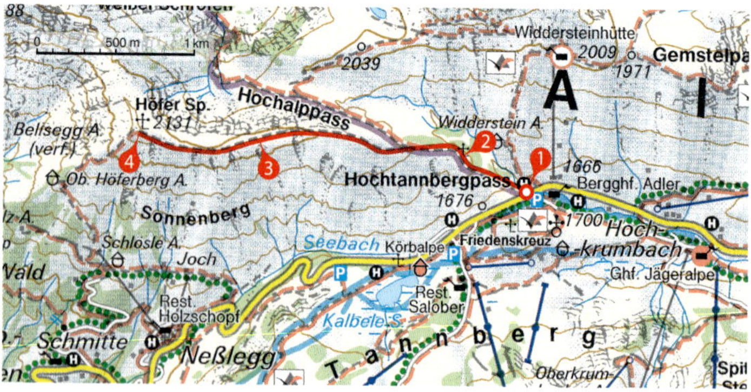

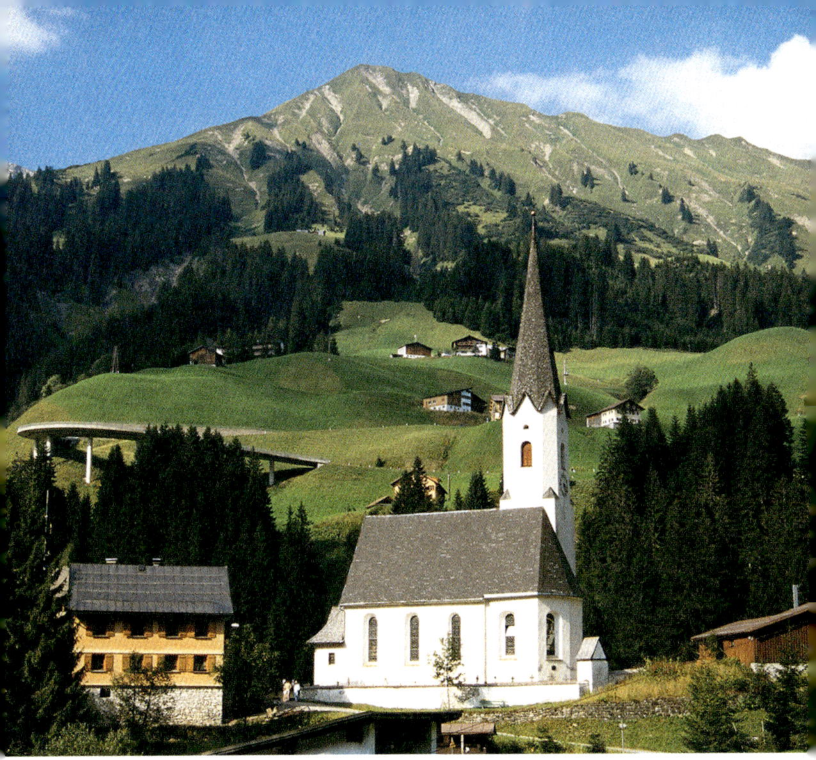

Über Schröcken ragt am Südrand der Allgäuer Alpen die Höferspitze auf.

Höfergrat (3), 2069 m. Die alles überragende Braunarlspitze und die blumenübersäten, alten Bergmähder zwingen uns zu Schaupausen.
Mit geringen Höhenverlusten wird auf dem stellenweise etwas ausgesetzten Weglein eine weitere Gratwarze überschritten, dann hievt uns ein pfiffiger Schlussaufschwung auf den Gipfel der **Höferspitze (4)**. Über Lechleiten setzt sich die plattige Gipfelpyramide des Biberkopfs in Szene. Unter dem Walmendinger Horn bei Baad sammeln sich die Wasser des Illerquellflusses Breitach. Fast rührend duckt sich das Miniaturdorf Schröcken in den urigen Talschluss der Bregenzer Ach. Der Abstieg erfolgt auf der gleichen Route.

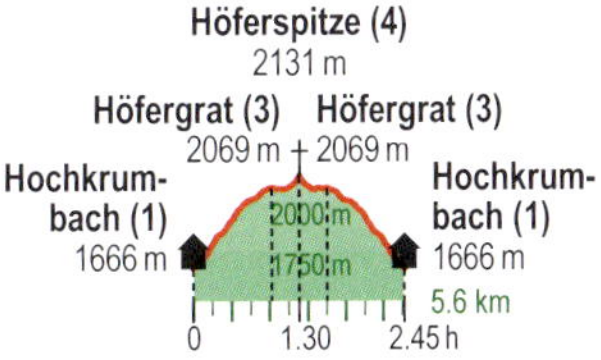

49 Hochberg, 2324 m

6.00 Std.

Amüsante Pfadfinderei im Schatten der Braunarlspitze

Dieser selten bestiegene, der Braunarlspitze vorgesetzte, riesige Grasberg mit seinen atemberaubenden Lawinenschussbahnen zeichnet sich durch einen spannenden Routenverlauf aus.

Ausgangspunkt: Schröcken, Bushaltestelle an der Post, 1260 m; Parkplatz.
Höhenunterschied: 1110 m.
Anforderungen: Überwiegend bezeichnete Güterwege und Steige, zuletzt Steigspuren. Kurze steile Aufstiege. Ausgesetzte Passagen erfordern Trittsicherheit und etwas Schwindelfreiheit. Nicht bei Nebel!
Einkehr: Nur in Schröcken.

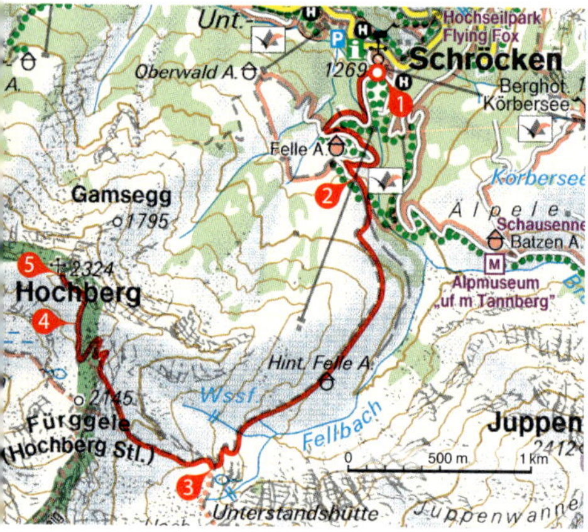

An der Post in **Schröcken (1)** lassen wir uns vom Wanderwegweiser »Alpe Felle« die Richtung zeigen. Der dralle Felsberg zur Linken ist die Mohnenfluh, rechts der Hochberg. Ein Güterweg quert mit kleinem Abstieg den von der Ach durchschäumten Tobel und steigt in zwei Schleifen durch ein steiles Weidegebiet zur **Alpe Felle (2)**, 1385 m. Rückblickend erhebt sich über Alpmatten mit kunstvollem Straßenbauwerk die Höferspitze. An der unteren, alten Hütte weist das Schild zur Biberacher Hütte und vor einem kleinen Wasserfall Richtung Butzensee. Auf markiertem Alpsteig öffnet sich nach einer Strauchzone der gewaltige Bergkessel vor der breiten Braunarlspitze. Den ganzen Sommer kleiden Firnfelder die eingelagerten Schuttkare. Von einem winzigen Absatz zieht sich die Route flach über fette Grashänge ins Innerste des Fellbachkessels. Die jetzt wieder deutlich ansteigende, wiederholt abschüssige Etappe über eine Schrofenflanke verlangt große Aufmerksamkeit.

An der Gabelung im sogenannten **Hochgletscher (3)**, 1820 m, halten wir uns erneut Richtung Biberacher Hütte. Nach erholsamer Bummelei durch eine Alpwanne zweigt man unterm Fürggele, wo links eine Halde mit hellen Felsblöcken beginnt, Richtung Hochberg ab. Unter dem rechtsseitigen Schotterfeld

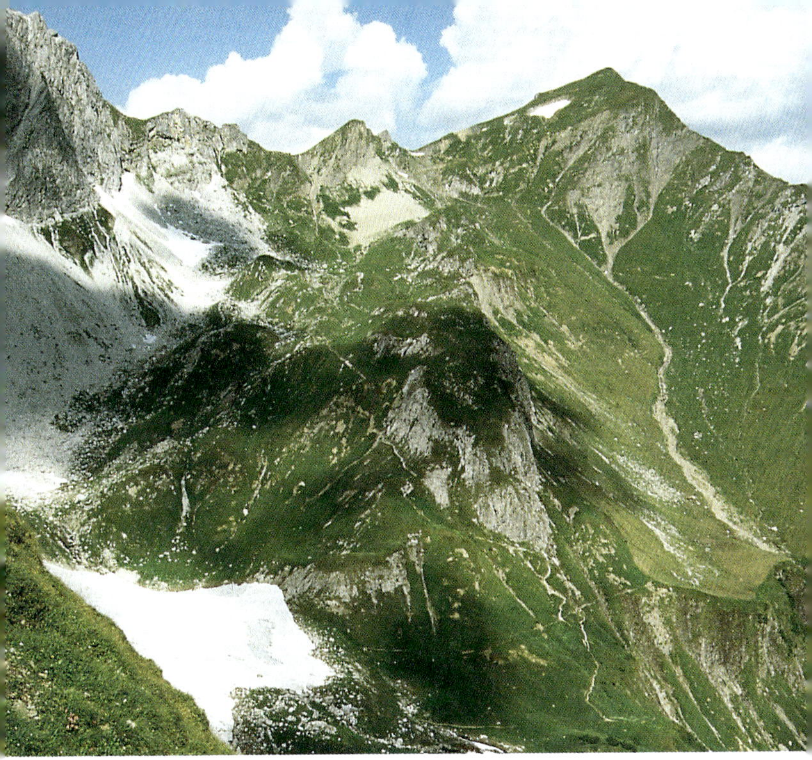

Der Hochberg mit der spannenden Route vom Hochgletscher.

queren wir auf Steigspuren mit Umgehung eines Schrofenzacken- Duos – der zweite heißt Kirchli – zu einem Alpsteig, der in zwei Kehren zu einer **Einsattelung (4)**, 2220 m, führt. Steigspuren leiten nun über den Südrücken mit weiter Schau in die Allgäuer und Lechtaler Alpen sowie übers Große Walsertal zum kleinen Vorgipfel. Nach einem kurzen ausgesetzten Gratstück sind es nur noch ein paar Meter auf den **Hochberg (5)** mit prächtigem Schesaplanablick. Zurück geht es auf dem Anstiegsweg.

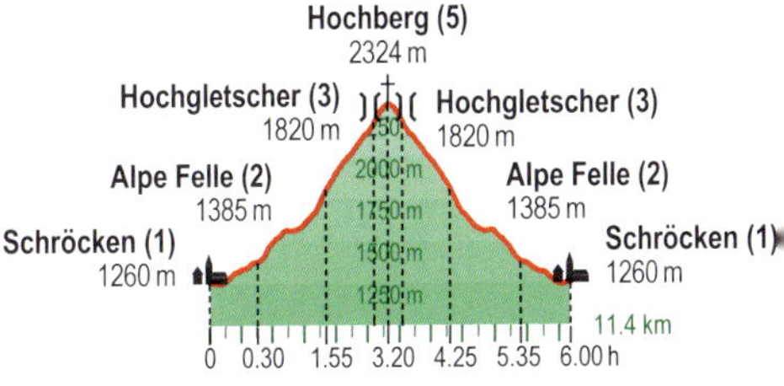

TOP **50**

Mohnenfluh, 2542 m

8.00 Std.

Abenteuerlicher Geislinger Steig

Ein anspruchsvoller Hochgebirgssteig erschließt über den malerischen Butzensee den wuchtigen Hauptdolomitgipfel im nördlichen Lechquellengebirge.

Ausgangspunkt: Schröcken, Bushaltestelle an der Post, 1260 m; Parkplatz. **Höhenunterschied:** 1360 m. **Anforderungen:** Gut bezeichnete Güterwege und Steige. Längere steile Aufstiege. Ausgesetzte, teils drahtseilgesicherte Passagen, leichte Kletterei (I). Trittsicherheit und etwas Schwindelfreiheit, Kondition und stabiles Wetter erforderlich. **Einkehr:** Nur in Schröcken.

An der Post in **Schröcken (1)** lassen wir uns vom Wegweiser »Alpe Felle« den Auftakt zum einzigen Zweieinhalbtausender dieser Sammlung zeigen. Der dralle Felsberg zur Linken ist bereits die Mohnenfluh, rechts der Hochberg. Ein Güterweg quert den von der Ach durchschäumten Tobel und steigt in zwei Schleifen durch ein steiles Weidegebiet zur **Alpe Felle (2)**, 1385 m. An der unteren, alten Hütte weist das Schild zur Biberacher Hütte und vor einem kleinen Wasserfall Richtung Butzensee. Auf markiertem Alpsteig öffnet sich nach einer Strauchzone über dem Fellbach der Bergkessel vor der Braunarlspitze. Die nach einem flachen Abschnitt über fette Grashänge abschüssige Schrofenflanke verlangt große Vorsicht.

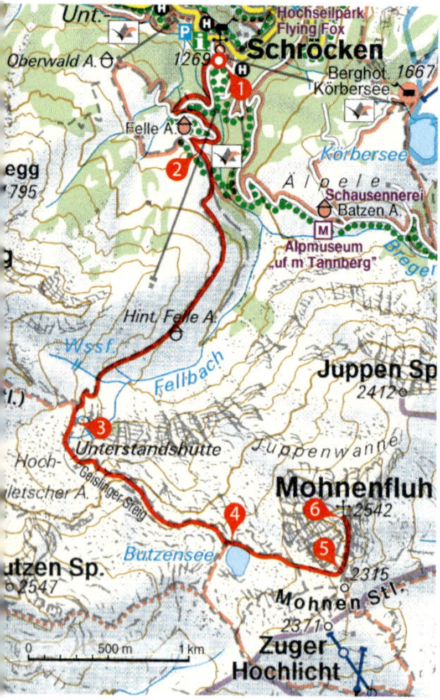

An der Gabelung im sogenannten Hochgletscher macht ein Schild darauf aufmerksam, dass der Geislinger Steig zur Mohnenfluh alpine Erfahrung voraussetzt. Hinter dem mickrigen Unterstand der **Hochgletscheralpe (3)**, 1835 m, überschreiten wir achtsam einen bis in den Hochsommer firnbedeckten Bach. Nach ein paar Grasbuckeln geht's mittels zuverlässiger Drahtseile, durchwegs ordentlich markiert, mit kitzligen Tiefblicken in den Schlund des Butzentobels um einen

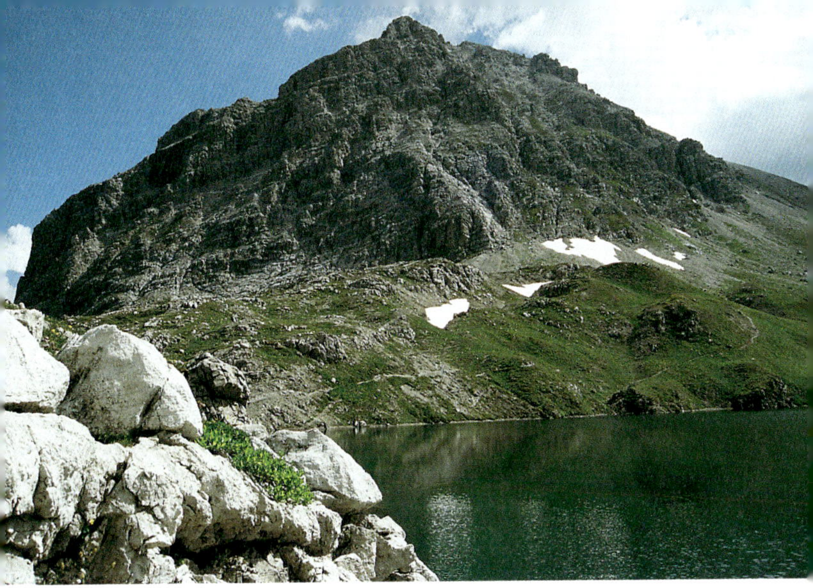

Mohnenfluh im Lechquellengebirge mit Butzensee.

breiten Wandriegel herum. Jetzt folgt ein kurzer felsiger Aufstieg, bevor wir gemütlich über Rasenhänge ein paar Murmeltier-Wohnungen passieren. Nach Überwinden einer seilgesicherten Felsrinne mit leichten Kletterstellen (I) schlendern wir über karstige Böden zum blaugrünen **Butzensee (4)**, 2115 m. Durch eine Schuttwanne erreicht man den **Mohnensattel (5)**, 2315 m. Während des Zickzackaufstiegs über die geröllbedeckte Südflanke (auf Steinschlag achten!) begeistert das Panorama Lechtaler Alpen – Verwall. Auf einem etwas brüchigen, aber gut gestuften Gratstück betreten wir schließlich den Gipfel der unvergesslichen **Mohnenfluh (6)**. Zurück auf demselben Weg.

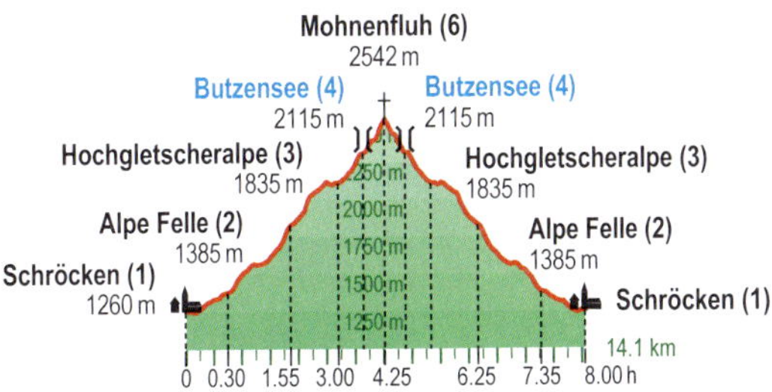

Stichwortverzeichnis

A
Achauen-Rundweg 56
Ahornen-Vorsäß 83
Alberschwende 15, 50
Almhotel Hochhäderich 24
Alpe Felle 120, 122
Älpelealpe 59
Alpe Mittelhirschberg 70
Alpengasthof Edelweiß 82
Alpengasthof Neuhornbach 106
Alpe Oberhirschberg 71
Alpe Portla 92
Alpe Rosenburg 78
Alpe Unterer Hirschberg 70
Alphof Roßstelle 76
Andelsbuch 15, 58, 60
Annalpe 90
Annalperaualpe 91, 110
Annalper Joch 86
Annalper Stock 86
Argenau 84
Argenbachschlucht 84, 85
Argen-Vorsäß 86
Argenwald 88
Argenzipfel 84, 86
Au 15, 80, 82, 84, 86, 88, 90
B
Bad Hohl 34
Balderschwang 42
Bartholomäusalpe 100
Berbigen 81
Berggasthof Ugaalpe 94, 96
Bergrestaurant Simma 76
Bezau 15, 60, 62, 64
Bezegg-Pass 60
Bibersteinhütte 42
Bizau 15, 60, 67, 68, 70
Blasenka 102
Brand 37
Breitenalpe 106
Brenden 26
Brüche-Maisäß 102
Brüggelekopf 50
Bühel 60
Bullerschkopf 55
Butzensee 123
C
Café Mooswinkel 44
D
Damüls 15, 92, 94, 96, 98, 100, 102
Damülser Mittagspitze 96, 97
Dickach 57
Diedamskopf 106
Doren 15, 26
Doseggalpe 72
Drahtsteg 32
E
Ebenwald 52
Egg 15, 52, 54
Engenlochschlucht 37
Englen 28
F
Faschinajoch 98, 100, 102
Fegg 63
Feuersteinalpe 83

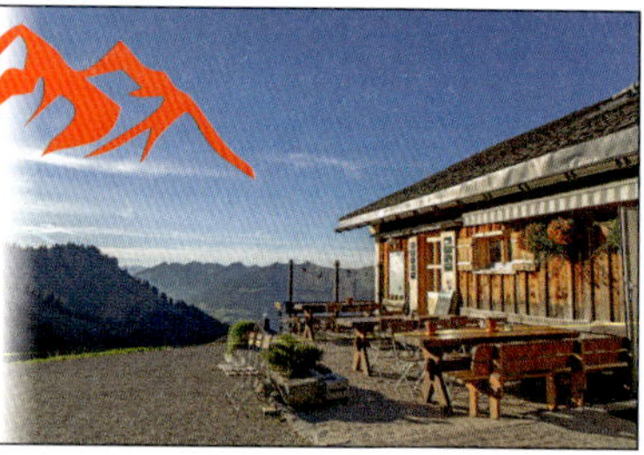

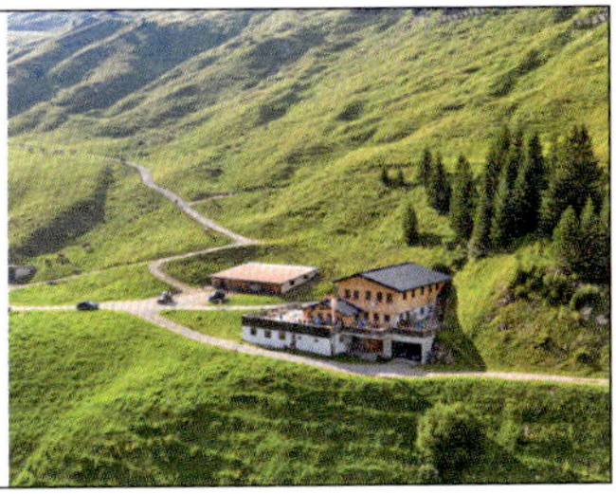

Franz-Josef-Hütte 98
Furkastraße 92
Furkla 100

G

Geiersbergalpe 117
Gerachsattel 65
Gerisgschwend 42
Gferenalpe 41
Glatthorn 98
Gopfalpe 69
Gopfberg 68, 69
Gräsalpe 112
Großdorf 52
Grünes Gräshorn 88
Gschwend-Vorsäß 70

H

Häfenalpe 109
Hahnenkopf 99
Halden 34
Hälisbühl 31
Hangalpe 73
Hangspitze 72, 73
Hauseralpe 75
Hennenmoosalpe 24
Hintere Leugehralpe 46
Hintermellenalpe 74
Hirschberg 70
Hittisau 15, 36, 38, 40, 42
Hittisberg 40
Hochalpe 112
Hochberg 120
Hochblanken 94
Hocheggalpe 44
Hochgletscher 120
Hochgletscheralpe 122
Hochhäderich 24
Hochkrumbach 118
Hochriesalpe 45
Hochtannbergpass 118
Hof 33
Höferspitze 118, 119
Höflealp 42
Hohe Kirche 55
Hornbergalpe 108
Hütten 70

I

Iferalpe 49

J

Jaghausen 80, 82, 84

K

Kaltenbrunnen 51
Kanisalpe 76, 96
Kanisfluh 82
Känzele 66
Kiosk Jausenecke 46, 48
Korlen 38
Kräherau 56
Krumbach 16, 30
Kurhotel Rossbad 28

L

Langenegg 16, 28
Lappachalpe 42
Leue 85
Lindachalpe 74
Lingenau 16, 32, 34

M

Marktobel 61
Mellau 16, 72, 74, 76
Miesbodenalpe 65
Mittagsfluh 80
Mittlere Argenalpe 96
Mohnenfluh 122

Mohnensattel 123
Moos 31
Mühle 33
N
Niedere 58
O
Obere Kriegbodenalpe 88
Obere Möslealpe 75
Obere Sattelalpe 81
Obernalpe 96
Oberschalzbachalpe 112
P
Pension Sonne 42
Pension Tannenbaum 36
Pfingstatt 68
Pisialpe 108
Portlerhorn 92
R
Ragazerblanken 94
Rain (Doren) 26
Rain (Egg) 52
Rain (Schwarzenberg) 56
Rappenfluh 38
Rehenberg-Vorsäß 46
Rehmen 105
Renkknie 44
Reuthe 16, 66
Riefensberg 16, 24
Rotenberg 34
Ruchwannekopf 110
S
Schetteregg 54
Schneckenlochhöhle 48
Schnepfau 16, 78
Schönenbach-Vorsäß 64
Schoppernau 17, 104, 106, 108, 110, 112
Schröcken 17, 116, 118, 120, 122
Schwand 117
Schwarzenberg 17, 56
Schwarzwasserhütte 64
Schweizberg 30
Sibratsgfäll 17, 44, 46, 48
Sonderdach-Vorsäß 62
Staffelalpe 98
Stongerhöhe 55
Sulz 26
Sünsalpe 93
Sünserjoch 95
Sünserkopf 93
Sünserspitze 92
T
Tannen 51
Töbelealpe 110
Toblermannskopf 112
Tristenkopf 55
U
Unterberg-Vorsäß 47
Untere Gumpenalpe 88
Untere Hittisbergalpe 41
Unterhalden 29
Unterhirschbergalpe 70
Üntschenberg-Vorsäß 114
Üntschenspitze 108
V
Vordere Niederealpe 58
Vorderhopfreben 114
Vorderreuthe 66
Vorderschnepfegg 79
Vorderüntschenalpe 114, 115
Vorsäß Zipfel 80
W
Wannealpe 116
Wannenalpe 97
Weißachschlucht 26
Wika-Tobel-Wasserfall 104
Wildes Gräshorn 88
Wildmoosalpe 62
Winterstaude 54
Wirtshaus Bergkristall 90, 110
Z
Zafernhorn 100

Umschlagbild:
Talweitung von Au mit Kanisfluh.

Alle Fotos vom Autor.

Kartografie:
50 Wanderkärtchen im Maßstab 1:50.000
und Übersichtskarten im Maßstab 1:250.000 und 1:450.000
© Freytag & Berndt, Wien

Werk-Nr.: 4088

12., aktualisierte Auflage 2023

ISBN 978-3-7633-4722-3

MIX
Papier | Fördert gute Waldnutzung
FSC® C147178
www.fsc.org

Wir freuen uns über jeden Korrekturhinweis zu diesem Wanderführer!
Bitte per E-Mail an: leserzuschrift@rother.de

BERGVERLAG ROTHER · München
D-82041 Oberhaching · Keltenring 17 · Tel. +49 89 608669-0 · rother.de